Friedrich Wilhelm Ebeling

Gottfried August Bürger und Elise Hahn

Friedrich Wilhelm Ebeling

Gottfried August Bürger und Elise Hahn

ISBN/EAN: 9783743333307

Hergestellt in Europa, USA, Kanada, Australien, Japan

Cover: Foto ©ninafisch / pixelio.de

Manufactured and distributed by brebook publishing software
(www.brebook.com)

Friedrich Wilhelm Ebeling

Gottfried August Bürger und Elise Hahn

Gottfried August Bürger

und

Elise Hahn.

Ein Ehe-, Kunst- und Literaturleben.

Von

Dr. Friedrich W. Ebeling,
Archivrath.

Leipzig
Verlag von Ed. Wartig
1868.

Hermann Hendrichs

gewidmet.

Inhalt.

Vorwort.

Seit mehr denn fünfzig Jahren war die litera-
turgeschichtliche Moralkritik darüber einig, daß die
schwerste und schrecklichste aller Heimsuchungen, welche
den Dichter Bürger getroffen, in seiner Verbindung
mit Elise Hahn bestanden. Keine Stimme erhob sich
gegen das allgemeine Verdammungsurtheil, das die
Genannte als eine der Verworfensten ihres Geschlechts
kennzeichnete, und ich selber stand, als ich in meiner
Geschichte der komischen Literatur der Lebensverhältnisse
des Dichters gedachte, um so mehr unter dem Drucke
dieser Einstimmigkeit, je weniger es dort auf Untersuchung des in jeder Hinsicht so denkwürdigen Verhältnisses ankam. Was ich aber hinterher infolge
erweiterter Bekanntschaft mit Bürger's verwittweter
Schwiegertochter, einer ehrbaren Greisin, mündlich
und schriftlich erfuhr, ließ mich sofort erkennen,
daß man das Unglück jener Ehe gar zu einseitig der
Schwäbin aufgebürdet habe; daß es an der Zeit sei
Kläger und Richter nicht länger in einer Person gelten
zu lassen, und, wenn noch durch anderweitige Beleg-

stücke unterstützt, einen Act gedankenlos oder grausam vorenthaltener Gerechtigkeit zu vollziehen. Ich ging mit Ueberwindung vielerlei Schwierigkeiten den frühern Verbindungen der unglücklichen Frau nach, und war endlich so glücklich ein Material zu erlangen, das mich in den Stand setzte, die verhängnißvollste Epi= sode ihres Daseins einer Kritik zu unterwerfen, welche, allen gäng und geben Ansichten widerstreitend, nicht bloß ein weit größeres Aufsehen erregte, als ich er= wartete, sondern auch den Beifall eines wahrhaft verdienstlichen Unternehmens eintrug. Gleichzeitig er= ging von den verschiedensten Seiten her an mich die Aufforderung zu einem Separatabdruck jenes Artikels.

Nach einem so ermuthigenden Erfolge indeß schien mir statt eines unveränderten Separatabdrucks eine weit ersprießlichere Aufgabe, nach möglichster Beseitigung der Rücksichten und beschränkenden Bedingungen zu trachten, welche mir vordem bei Benutzung des zur Verfügung gestellten Materials auferlegt worden; aus unbegreiflicher Discretion Gehütetes frei zu machen; einige selbstverschuldete Lücken der frühern Dar= stellung auszufüllen, und namentlich auch Elisens künstlerischer Laufbahn in angemessen eingehender Weise zu folgen, — um auf diese Weise ein möglichst zusammenhängendes und vollständiges Lebens= und Charakterbild zu entwerfen. Von welcher Wichtigkeit das Letztere konnte ich vormals selbst nicht ahnen.

Dankbar habe ich es denn zu bekennen, daß man mir gesucht und ungesucht in diesem Bemühen entgegen gekommen. Und so erscheint mein ursprünglicher Aufsatz nicht blos formell verändert und hie und da umgearbeitet, sondern auch materiell bedeutsam vermehrt. Jetzt erst, meine ich, ist ein Spruch über Bürger's und Elise's Leben zur Reife gediehen.

Schon früher bemerkte ich übrigens, daß ich an Dem, was über Beide zeither veröffentlicht worden, nicht gleichgiltig oder vornehm vorübergehen konnte, Verschiedenes im Gegentheil aufnehmen mußte, wie es in der Natur der Sache lag. Ich darf wiederholen, daß mir nicht nur nichts Erhebliches entgangen, ich habe sogar mit unsäglichster Geduld selbst die winzigsten, zerstreutesten Auslassungen zu meiner prüfenden Kenntniß gebracht, mir an der leersten Streu, den inhaltlosesten Wiederkäuungen den Appetit nicht verderben lassen, wodurch denn freilich mein Verlangen nach einer genügenden Lebensdarstellung eines der größten Dichter der deutschen Nation um so gesteigerter ward. Möchte sie hiemit angeregt sein. Der zuletzt sein „Leben und seine Dichtungen" (Leipz. 1856) behandelte, hat die vollständigste Unfähigkeit zu dieser Aufgabe dargethan, was ich bereits in meiner Literaturgeschichte rügen mußte. Das Material aber, das mir zu dem vorliegenden Buche hauptsächlich diente, bestand in

Briefen von G. A. Bürger; von und an Elise
Bürger; in verschiedenen Blättern theils zusammen=
hangsloser Aufzeichnungen ihrer Hand, möglicher=
weise in der wiederkehrenden, doch beständig aufge=
gebenen Absicht einer Veröffentlichung ihrer Lebens=
geschichte erfolgt, theils als Ueberbleibsel eines
Tagebuchs; ferner in Briefen von der Schriftstellerin
Marianne Ehrmann, die im Leben Beider eine so
beklagenswerthe Rolle spielte; in handschriftlichen
Mittheilungen des Dichters Müllner, des k. preuß.
Hofschauspielers Hermann Hendrichs und in Eröff=
nungen anderer Personen, welche die Arggeschmähte
persönlich gekannt und in diesem oder jenem Stücke
Glaubwürdiges beizutragen vermochten; endlich in den
Acten des ehemaligen deutschen Theaters zu Dresden
von 1764—1815, deren Durchsicht der Hoftheater=
Registrator Herr Ferdinand Liebscher sich auf mein
Gesuch an die königliche Generaldirection mit vieler
Mühe unterzogen, wie ich bereits dankend aner=
kannt habe.

Mit welcher Prüfung und Selbständigkeit dies
Material von mir durchdrungen und verarbeitet
worden, mögen nun die folgenden Bogen zeigen.

Leipzig, am Tage der sieben Schläfer 1868.

Friedrich W. Ebeling.

I.

Bürger's dritte Eheschließung.

Sie war ihm gestorben, die unermeßlich und un=
ersetzlich Geliebte, die Ganzvermählte seiner Seele,
die er unter dem Namen Molly so berauschend ge=
feiert. Und als man ihre entseelte Hülle bestattete,
da fühlte er es selbst, daß der unendliche Schmerz,
der sich ob des erlittenen Verlustes in seine Seele
gegraben, die Spannadern alles Muthes, aller
unter den schwersten verschuldeten und unverschuldeten
innern und äußerlichen Heimsuchungen bewahrten Kraft
des Geistes zum Verbluten durchschnitten. Einem mor=
schen und verwischten Grenzpfahle im Felde sich ver=
gleichend, dünkte ihn besser, daß der Tod ihn alsbald
neben die Entschlafene gebettet.

Aber an den kahlen Stab, von dem die schöne holde
Rebe herabgerissen, schmiegten sich Kinder. Er sammelte
daher, was von Hoffen und Streben ihm übrig ge=
blieben, für sie. Und als dann die Zeit und veränderte
Lebensverhältnisse auch ihm bewiesen, daß sie den herbsten

Schmerz wenn nicht zu heilen doch in gewissem Grade zu lindern vermögen, da erfüllte ihn mehr denn je das so natürliche Verlangen, die zerstreuten Seinigen wieder bei sich zu vereinen und ihre Erziehung selbst zu leiten. Aber wie diesen zehrenden Wunsch bei dem zarten Alter der jüngern Kinder erfüllen ohne ihnen eine Mutter zu geben? So sah er sich denn aus diesem und zunächst keinem andern Grunde nach einer dritten Gattin um, als der Zufall die Verwirklichung seiner Absicht unerwartet nahe rückte.

Marianne Ehrmann, Gattin des privatisirenden Rechtsgelehrten und Schriftstellers Theophil Friedrich Ehrmann, gab nämlich mit Beginn des Jahres 1790 zu Stuttgart die Monatsschrift „Amaliens Erholungs= stunden" heraus, wozu sie die Ankündigungen drei Monate vorher verschickte, unter andern, mit dem aus= drücklichen Ersuchen einer empfehlenden Vertheilung an Personen, von denen Subscription zu erwarten sei, auch an Bürger. Und um ihm gleichzeitig zu zeigen, wie sehr er als Dichter besonders in Schwaben geschätzt würde, doch unbestreitbar nicht minder aus dem Grunde, ihrer Bitte um wohlwollendes Gehör durch eine schmeichel= hafte Ueberraschung Nachdruck zu verleihen, legte sie eine Nummer des „Beobachters" bei, der „politisch=mo= ralisch = satyrischen Wochenschrift", welche ihr Gatte seit der Mitte des abgewichenen Jahres veröffentlichte und mit dem dritten Jahrgange schloß: jene durch Aufnahme

von Versen, worin ein offenbar gebildetes und gefühl=
volles Mädchen, hingerissen von dem Zauber der Bürger=
schen Dichtungen, diesem Herz und Hand antrug, so
verhängnißvoll gewordene Nummer XX. vom 8. Sep=
tember 1789. Ehrmann hat für diese poetische Liebeserklärung
diplomatisch genauen Abdruck in Anspruch genommen.
Die Verfasserin hielt ihm aber nachmals, ohne jedoch,
wie sie selber sagte, „davon Wesen machen zu wollen",
vielmehr ironisch kleine Abweichungen und Veränderun=
gen der Urschrift vor. Und so ist der folgende Abdruck
der erste dem Originale bis in's Geringfügigste ent=
sprechende.

An den Dichter Bürger.

Nach einem scherzhaften Gespräch bei Lesung seiner Gedichte.

O Bürger, Bürger, edler Mann,
Der Lieder singt, wie's Keiner kann,
    Voll Geist und voll Gefühl!
Komm, leihe mir zum Lobgesang
Entflossen aus des Herzens Drang
    Dein Harfenspiel!

Mein Auge sah von Dir sonst nichts
Als nur den Abdruck des Gesichts,
    Und dennoch — lieb' ich Dich!
Denn Deine Seele, fromm und gut,
Und Deiner Lieder Kraft und Muth
    Entzückten mich.

1 *

Ach, als ich Deine Lieder las,
Da wurde mir im Herzen baß,
    Hoch pochte meine Brust!
Jetzt rannen Zähren allgemach —
Schnell stahl sich aus der Seel' ein Ach
    Voll süßer Lust.

Bald lächelte, bald lachte ich,
Dann rief ich schnell: „O küssen Dich
    Möcht ich, Dich lieben Mann!
So wechselte, wie Dein Gesang,
In mir der Hochgefühle Drang,
    Je mehr ich sann.

O Bürger, Bürger, edler Mann,
Der deutsche Lieder singen kann
    Voll Hochgefühl und Sinn!
Zwar ehret Dich mein Beifall nicht,
Doch höre, was mein Herz Dir spricht,
    Und wer ich bin.

Geboren bin ich in dem Land,
Wo Redlichkeit die Oberhand
    Seit alten Zeiten fand;
In Schwaben liegt das Herzogthum,
Durch seiner Fürsten Geistes = Ruhm
    Allweit bekannt.

Drin sproßt' ich auf. Welch' schönes Loos!
Drin wuchs ich auch allmählig groß,
    Und bin jetzt . . . . . Jahr.

Mein Vater ist seit achten todt,
Die Mutter ließ der liebe Gott
   Mir mit Gefahr:

Auch sie sah ich an Grabes Rand,
Da winkte Gottes Vaterhand —
   Ihr Leben kam zurück.
Sie leitete mit weisem Stab
Was die Natur mir Gutes gab,
   Zu meinem Glück.

Recht heitern Geist und frohen Muth,
Ein sanftes Herz, gar fromm und gut,
   Hab' ich, auch offnen Sinn.
Ich bin nicht arm, doch auch nicht reich;
Mein Stand ist meinen Gütern gleich:
   Sieh, wer ich bin!

In St . . . . s Mitte leben wir,
Aus St . . . . . s Mitte schreib' ich Dir,
   Du lieber, trauter Mann!
Man sagt, Du sollst ein Wittwer seyn;
Kommt Dir die Lust zum Freien ein,
   So komm heran!

Denn kämen tausend Freier her,
Und trügen Säcke Goldes schwer,
   Und Bürger zeigte sich,
So gäb' ich sittsam ihm die Hand,
Und tauschte mit dem Vaterland,
   Geliebter, Dich!

Drum kommt Dir mal das Freien ein,
So laß's ein Schwabenmädchen seyn,
    Und wähle immer mich!
Mit ächter Schwaben=Redlichkeit,
Mit deutschem Sinn und Offenheit
    Liebt ferner Dich

Die Verfasserin
· · Y · ·

Wer aber war die Verfasserin und wie kam Ehr=
mann zu diesem Gedicht? Hatte es wirklich die klare Absicht
einer ernsten Bewerbung dictirt? Hatte es mit Wissen
und Willen der Urheberin seinen Weg zum „Beobachter"
gefunden?

Ueber diese Fragen zerbrachen sich die Stuttgarter
beiderlei Geschlechts alsbald die Köpfe, da auch der
Herausgeber des „Beobachters" keine genügende Aus=
kunft zu ertheilen vermochte.

Schnell indeß einigte sich die vox populi dahin,
daß ein solches öffentliches Angebot blos in der Dreistig=
keit eines ercentrischen, die gesellschaftliche Sitte miß=
achtenden Frauenzimmers beruhen könne, und dafür
galten in der Residenz ein Fräulein B* und Maria
Christine Elise Hahn, einzige Tochter der ver=
wittweten Expeditionsrath Hahn; diese besonders, weil sie
sich über viele lächerliche Vorurtheile des gesellschaftlichen
Lebens spöttelnd hinwegsetzte und gleich ihrer Mutter —
hochdeutsch und nicht schwäbisch platt sprach. Ihr

zumal allerlei Geniestreiche und verfängliche Geschichten nachzureden hatte die Lästerchronik keinen Anstand genommen. Nur was der Jungfrau eigenste Ehre ausmacht ward niemals irgendwie in Zweifel gestellt. Trotz aller ihrer Freiheiten und Absonderlichkeiten bot sie nie Anlaß zu dem Verdachte unerlaubter Gunstbezeigungen. Ja man hielt sie gerade in dieser Hinsicht für weit weniger schwach als irgend ein anderes Weib. Noch aber schwankte das Stadtgeklätsch zwischen beiden Mädchen, als Ehrmann selber der Verfasserin des von ihm aufgenommenen Gedichts auf die Spur kam. Er sollte sich in das Stammbuch eines Freundes einschreiben, in welchem bereits eine große Zahl Stuttgarter Damen verzeichnet war; darunter Elise Hahn mit einem Sinnspruch, dessen Schriftzüge denen jener Liebesverse so sehr glichen, daß er nun unmöglich länger im Ungewissen sein konnte, wer entweder die persönlich ihm völlig unbekannte Dichterin sei, oder wenigstens, durch wen sie zu ermitteln. Er forschte jedoch nicht weiter und verschwieg seine Entdeckung.

Wie hatte unterdessen Bürger das Gedicht aufgenommen?

Wollte man ihm selber, dann Althof, Jördens und sonstigen Nachschreibern glauben, so habe er den sogenannten Antrag anfänglich blos als Spiel einer aufgeregten Phantasie betrachtet und darüber gelacht und gescherzt. Erst nach dem Einlaufen verschie-

dener Nachrichten, welche von der naiven Dichterin
ein sehr reizendes Bild entworfen, hätte er sammt einigen
Freunden gemeint, die Sache verdiene doch wol reif=
liche Erwägung.

Mich dünkte dies immer, so oft ich daran dachte,
unwahrscheinlich bei einem Manne, der in ungemeiner
Lebhaftigkeit der Phantasie den Frauen auf alle Art
und Weise hold gewesen, dem die Urtheile eines gebil=
deten Weibes über die Aussprüche manches schulgerechten
und sattelvesten Kritikers gingen, und der eben von
Neuem nach Hymen's Fesseln trachtete. In der That
beschäftigte ihn der Vorfall sofort ernstlich und anhaltend,
mehr als er sich und Andern eingestand. Am 17. No=
vember ward ihm die Zusendung der Frau Ehrmann
behändigt, und am 20. bereits fertigte er die Antwort
an sie ab, worin es u. A. heißt:

„Ach, das Schwabenmädchen! Beinahe hat es
mich durch seine ganz außerordentliche Schmeichelei
erschreckt, wiewol freilich auf eine nicht unbehagliche
Weise. Wahrlich, einen solchen Glauben hat wol
noch kein Poet in Israel gefunden. Ich kann gar
nicht leugnen, ich möchte das Mädchen namentlich
und näher kennen. Ist es von Ihrer Bekanntschaft,
so begehen Sie immer eine kleine Verrätherei, und
fürchten Sie davon nicht den mindesten Mißbrauch.
Ich will auch dann dem Schwabenmädchen zuver=
lässig und so antworten, daß es wohl sehen soll,

man lasse sich für seine Verse von dem wackern Mädchen sehr gern ein wenig lieb haben."

Allein seine Ungeduld in Verfolg der Angelegenheit war viel zu groß, seine Erregung flugs zu hoch ge= stiegen, um die „kleine Verrätherei" der Frau Ehrmann abzuwarten. „Ich habe" — lautet die Nachschrift des= selben Briefs — „es nicht lassen können, dem Schwaben= mädchen gleich jetzt zu zeigen, daß es sein Lied nicht einem Manne von Holz vorgesungen. Können Sie aber die Anlage nicht an die Behörde bringen, so traue ich es Ihrer Güte zu, daß Sie mir selbige zurücksenden werden."

Die Einlage bestand in dem bekannten Gedichte:

„Was singt mir dort aus Myrthenhecken
Im Ton der liebevollen Braut?" ⁊c.

Das literarische Ehepaar in Stuttgart gerieth an = geblich in Verlegenheit. Die Sache schien ihm eine Wendung gegen alle Berechnung und bei der Ungewiß= heit des Ausgangs gegen allen Wunsch nehmen zu wollen. Die Vermittlerrolle, in welche es hineingerathen, war ihm schon darum drückend, als es die bisher be= wahrte Discretion in keinerlei Hinsicht zu brechen ge= dachte. Wie also sich verhalten?

Ich meine, man wählte den allerschlechtesten, leicht= sinnigsten Ausweg. Statt dem Dichter zu sagen, wollte man alles Ernstes seine Hand aus einem Spiele lassen, das von Kuppelei ununterscheidbar und als solche auch gefühlt wurde, daß das Schwabenmädchen nicht von ihrer Bekanntschaft und auf Vermuthungen hin — Elise Hahn konnte ja dem verfänglichen Gedichte nur ihre Handschrift geliehen haben — eine Bestellung jener Beilage kaum rathsam sei, schickte Ehrmann seine Frau ab, die Betreffende in Gegenwart ihrer Mutter zu be= fragen, ob, worauf das Stammbuch ihnen hingedeutet, sie es sei, welche den Dichter der Lenore im „Beobachter" besungen, und bejahenden Falles dann Bürger's poetische Antwort auszuhändigen, andernfalls von dieser keine Erwähnung zu thun. Was einzig und allein dieser Einmischung zur Entschuldigung hätte gereichen können, die Befürchtung, Bürger's Empfehlung, wenn darauf wirklich große Hoffnungen gebaut wurden, für das neue periodische Unternehmen nicht zu erlangen, war beseitigt, denn er schrieb ihnen gleichzeitig, die über= sandten Ankündigungen seien unter seinen Bekannten vertheilt, Göttingen wäre aber der unfruchtbarste Boden für dergleichen Journale; und außerdem behelligte er sie mit einem ähnlichen Anliegen, nämlich für die neueste Ausgabe seiner Gedichte.

Sicher empfand Frau Ehrmann am wenigsten Ver= legenheit über die zugemuthete Dienstleistung, denn sie entledigte sich des Auftrags mit der vielen ihres Ge= schlechts in geheimen Angelegenheiten eigenen ziemlichen Unziemlichkeit, das will sagen, sie gab Elisen die Autor= schaft jenes Gedichts auf den Kopf Schuld, behauptend,

der Student Naſt habe dies ihrem Manne unter dem
Siegel der Verſchwiegenheit eröffnet, was jedoch der
Wahrheit zuwider lief. Bei Nennung dieſer Quelle
aber widerſprachen dem punctum principale weder
Tochter noch Mutter, und es ſtellte ſich nun der Sach=
verhalt in einer von Ehrmann nur theilweiſe richtig
und mit ehrenrührigem Zweifel zur öffentlichen Kennt=
niß gebrachten Weiſe heraus: mit einem um ſo ſchärfere
Zurechtweiſung verdienenden Zweifel, als Bürger ſelbſt
ſich noch nach ſeiner Trennung von Eliſen zum Glauben
an den folgenden, in Kürze erwähnten Hergang laut
bekannt hatte und geſtützt auf die Beſtätigung der
Männer, an welche die Verſuchung zur Verleugnung
oder, da dies am Ende doch nicht durchführbar, minde=
ſtens Bemäntelung ihres Verfahrens hart herantrat,
bekennen mußte, wollte er ehrlich handeln.

Eliſens Vater war mit dem Expeditionsrath und
Kloſterverwalter zu Maulbronn Johann Conrad Naſt
befreundet geweſen. Kurz vor ſeinem Tode dehnte ſich
dies gute Verhältniß auf deſſen jüngern Verwandten,
den damaligen Regierungs=Commiſſar Naſt aus. Bald
bewohnte letzterer mit der verwittweten Hahn ein und
daſſelbe Haus in Stuttgart, und dieſe Gemeinſamkeit
führte zu den vertraulichſten Beziehungen innerhalb der
einem ſchon verheiratheten Manne von ſelbſt gezogenen
Grenzen. Liebe höchſten Maßes zur deutſchen Dicht=
kunſt näherte ihn gleicher Neigung und gleichem Ver=

ständniß vornehmlich der Tochter, welche überdies ein
schönes, zur Unterhaltung im Familienkreise oft geübtes
Improvisationstalent besaß. Eines Abends lenkte sich
die Conversation, wie es in der Geselligkeit herzugehen
pflegt, im Hundertsten und Tausendsten auch auf Bürger. Seine Gedichte wurden herbeigeholt, man las deren
vor, Elise bereits damals mit schwunghafter Declamation.
Der anwesende Hausfreund meinte, obwol frei von Miß-
achtung, sie minder schätzen zu dürfen als die Genannte,
welche im Gegentheile auf's Wärmste über sie urtheilte.
Jugend und unverdorbener Geschmack waren immer von
Bürger's Poesien begeistert. Fortgesetzter Widerspruch
reizte die junge Dame zu den schwärmerischsten Aeußerungen, und als man darob weidlich am Rocken der
Neckereien zu spinnen begann, da wollte sie Allen die
Spitze bieten, erklärend, daß sie sich zu dem Sänger der
Nachtfeier der Venus wie zu einem Geliebten hingezogen
fühle. Solch' einem Genius möchte sie ihr Dasein verbunden wissen. Und einmal durch leicht entzündbares,
erziehlich nie gemäßigtes Naturell und hartnäckig per-
sifflirende Widerpartner in Ekstase getrieben, kleidete sie,
einer scherzenden Aufforderung Nast's augenblicks ent-
sprechend, ihre Sympathien in die so folgenschweren,
nun von Hand zu Hand wandernden, aber erst einige
Zeit nach der hinterrücks geschehenen Veröffentlichung
in die ihre zurückkehrenden Verse. Sie wähnte bis dahin sie verworfen zu haben, ohne Kümmerniß deshalb,

weil an keinen Mißbrauch denkend. Es waren nicht
die ersten Reime ihrer Stegreifkunst, über deren Schicksal
sie in sorgloser Unkenntniß geblieben. Als ihr jedoch
der Mißbrauch in den kleinen Octavblättern des „Beob=
achters" vor Augen lag, geriethen weder sie noch deren
Mutter auf den eigentlichen Urheber: den Hausfreund
hielten sie dessen am wenigsten fähig, und an der rechten
Stelle zu forschen mieden sie, aus Furcht damit selber
den Schleier der Ungenanntheit zu lüften. Nach dem
Besuche der Frau Ehrmann aber gestand Nast ein, das
Gedicht an sich genommen zu haben, doch ohne alle
bestimmte und verfängliche Absicht. Hingegen mit seinem
Bruder sei zu hadern, der es ihm heimlich entwendet
und zum Herausgeber jenes Wochenblattes befördert.
Er hätte sich indeß sofort beeilt die Zeugen jenes Abends
zum strengsten Schweigen zu verpflichten, und der Be=
weis liege vor, daß sein Bemühen gefruchtet, denn die
Stuttgarter marterten sich ja noch immer um den Namen
der Verfasserin. Frau Ehrmann mußte dann auch be=
kennen, daß der Student Nast sich zwar als abgeschickt
von Elisen ausgegeben, ihren Namen dagegen vorent=
halten, auf dessen Fährte erst der vermerkte zufällige
Handschriftenvergleich geleitet.

Dies ist in aller Gedrängtheit der Sachverhalt, wie
ihn selbst die Gebrüder Nast einige Monate später nicht
blos Bürgern sondern auch andern Personen feierlichst
versichert haben. Und Elise Hahn hat sich mithin

weder öffentlich noch überhaupt zum Weibe
angetragen, sie ist wider Wissen und Willen
angetragen worden. Nirgend ist ein Erweis des
Gegentheils anzutreffen, und das Gerede einiger Leute,
welche in dem Vorgange eine planmäßig angelegte In=
trigue witterten, fand gerade in Stuttgart gar keinen
Glauben. Daß Ehrmann von dieser Verleumdung ohne
den geringsten Versuch der Erhärtung oder Abwehr
Notiz genommen, war um so sträflicher, als er von der
Erfahrung belehrt sein wollte, daß oft die trefflichsten
Menschen am meisten der Lästersucht ausgesetzt sind, und
meist wahr sei, was ein französischer Denker gesprochen:
Lorsque vous entendrez dire constamment beaucoup
de mal d'un être quelconque, pariez à coup sûr,
que ce n'est pas un homme médiocre. L'envie
ne s'attache qu'aux talens, comme la foudre ne
tombe que sur les grands édifices. Es war um so
sträflicher, als er zufolge einer andern Stelle ausdrück=
lich in Betreff Elisens überzeugt worden, „wie miß=
trauisch man in Stadtklatschereien sein müsse."

Sie erlangte nun ihr reclamirtes Eigenthum sonder
Schwierigkeit zurück; allein daß damit nichts von irgend
einem Belang verhütet wurde, sollte sie von Stund an
erfahren.

Nachdem Marianne Ehrmann der Identität der
Dichterin vergewissert, präsentirte sie Bürger's Antwort.
Mutter und Tochter befiel Erschrecken. Letztere ver=

weigerte determinirt die Annahme. Die Botin ließ sich aber nicht abweisen. Sie meinte, eine solche Ablehnung komme einer Beleidigung gleich, und diese könne sie doch bei ihrer unzweifelhaft außergewöhnlichen Verehrung des Dichters keineswegs beabsichtigen. Zudem fasse sie die Sache augenscheinlich viel zu gewagt auf. Genug, sie war nicht aus dem Felde zu schlagen: Elise behielt die Geburt der schnellen Gefühlsaufflackerung an sich. Alle Ueberredungskunst vermochte sie jedoch zu keiner Erwie= derung, und außerdem mußte die Botin auf's Heiligste alle und jede Discretion angeloben.

Verdiente in diesem ganzen Handel Jemand den Namen einer Intriguantin, so gewiß Frau Ehrmannn. Sie bewies in dieser Rolle eine Routine, welche auf den Bretern, die die Welt bedeuten, von Vielen gewon= nen wird, obgleich nur Wenige sie gerade dort erweisen. Kaum in ihre Wohnung in der Kirchgasse zurück= gekehrt, benachrichtete sie Bürgern von dem glücklichen Er= folge ihrer Mission, und zwar völlig in der Weise einer gewissenlosen und dennoch den Schein redlicher Freund= schaft um sich breitenden Kupplerin: halb verheimlichend halb offenbarend, einestheils zurückhaltend anderntheils plauderhaft, von der einen Seite wahr, von der andern verlogen, durchschnittlich anreizend, aufstachelnd. Sie habe — dies aus der fünf Seiten langen Meldung der Kern — seine Loberheberin ausgemittelt, und im Laufe der Unterredung ein lebhaftes, rasches, feuriges Mädchen, allerbings etwas außer der Art junger Frauenzimmer, in Reden namentlich sehr frei, in ihr kennen gelernt. Nur solle damit nicht angedeutet sein, als ob sie sich einer verlässigen Kenntniß desselben schon rühmen wolle. Die Einlage sei mit schwärmerischem Entzücken auf= genommen und Aehnliches eingestandnermaßen erwartet worden. Freilich hätte man die Liebeswerbung „weg= gekapert", allein dem Schalk wäre das gar nicht ent= gangen und er hätte selber durch verschmitzte Anspielungen den Dieb auf die Idee eines Abdrucks im „Beobachter" gebracht. Ihr Zürnen und ihre Unruhe darüber seien durchsichtig maskirte Schelmerei. Bald, sehr bald würde in Göttingen eine Entgegnung anlangen, vor der Hand freilich wol erst anonym. Sie dürfe und möge noch nicht Alles verrathen; das aber könne sie zufügen: die Schöne heiße Elise, und schön wäre sie, das müsse der gelbste Neid ihr lassen.

Bürger sprach am 10. December seine Verwunderung über das Ausbleiben der verheißenen Rückantwort aus, ohne Hehl, wie sehr ihn nach bestimmten Mittheilungen verlange.

Nun hüllte sich Marianne in wenigen lakonischen Zeilen in noch tieferes Dunkel.

Daß Bürger den Eindruck, den Elisens Verse in ihn bewirkt, verstärkt durch den Reiz der vagen Eröff= nungen über sie, wieder herabzustimmen suchte, daß er aber gleichwol bereits mit starker, unverschließbarer Leiden=

schaft an der Unbekannten hing, bewies dann der nächste Brief an Marianne (3. Januar 1790.)

„Ist Ihnen" — schreibt er — „an baldiger Wieder= herstellung der erforderlichen Elasticität gelegen, so sein Sie mit Ihren christerbaulichen Nachrichten nicht spar= sam, und zupfen Sie zwischendurch an dem Mädchen selbst ein wenig. An dem Tage, da ich einmal ein hübsches wohlgetroffenes Bild von Elisen, und sonst er= halten werde, was sich dazu schickt, verspreche ich Ihnen ein Gedicht für Ihre Monatsschrift zu singen, dergleichen in ganz Schwaben noch nicht vernommen sein soll. — Doch Possen bei Seite! Aufrichtig muß ich Ihnen ge= stehen, das Mädchen spukt mir von Tage zu Tage mehr — im Herzen? Nein, das wäre wol für jetzt noch zu übertrieben — aber in der Phantasie spukt es mir ge= waltig herum. Sie glauben nicht, was für allerliebste Schöpfungen diese Tag und Nacht dem sehnenden Her= zen vorgaukelt, und wie süß sie ihm dabei nach dem Munde zu schwatzen weiß. Redete mir die alte kalte Matrone Vernunft nicht bisweilen darzwischen: „Es ist ja nur Theaterspiel, was Du vor Dir siehst!" so wäre es kein Wunder, wenn das Herz längst in allen Ban= den der Täuschung gefangen läge. Wenn sich nun der= einst einmal auswiese, daß das wirkliche Schwaben= mädchen in Stuttgarts Mitte nicht das Mädchen in der Mitte meiner phantastischen Schöpfung wäre, so könnte das eine Erlösung geben, die dem verwöhnten Herzen

Ebeling, G. A. Bürger.   2

eben keine Freude machte. Bis jetzt verdirbt indessen Ihre Wahrheit eben noch nichts an dem bunten Christgärtchen meiner Phantasie. Diese baut daher nur desto emsiger fort, und weiß sogar den sprödern Stoff der Wahrheit vortrefflich zu ihren Absichten zu benutzen. — Das Aeußere des Mädchens, liebe Frau, müssen Sie mir bei Zeit und guter Malerlaune etwas ausführlicher schildern. Denn man fasele von überirdischer Seelenliebe auch was man wolle; so bleibt doch das — mir wenigstens — ewig wahr: irdische Liebe keimt in der Sinnlichkeit und behält, sie treibe ihre Zweige und Blätter nachher auch noch so hoch in geistige Regionen hinauf, dennoch immer in der Sinnlichkeit ihre wahrhafteste Wurzel. Dem Liebenden muß der geliebte Gegenstand in sinnlicher Schönheit und Anmuth erscheinen, er mag nun wirklich schön und anmuthig sein oder nicht. Sonst ist die Liebe im vollen Verstande des Worts unmöglich, und wer sie dennoch vorgiebt, der lügt und trügt, mit oder ohne Bewußtsein. Ich habe über diesen Glaubensartikel schon manche Fehde gehabt. — Was das Innere des Mädchens betrifft, so können Sie mit wenigen Pinselstrichen abkommen. Nicht, als ob dieses minder wichtig wäre, sondern weil hier ein Practicus, der sich in seinem Leben schon mit mancherlei Charakteren herumgetummelt hat, aus wenigen datis durch Schlüsse sich leicht weiter fortzuhelfen weiß. So hat z. B. in Ansehung des Charakters Ihr Brief mir

kaum etwas Neues gesagt. O ich kenne die kleinen
weiblichen Geniestreiche, sonst auch Unbesonnenheiten ge=
nannt, von innen und außen, und weiß es aus mehr
als einem Beispiele, wie sie erzeugt zu werden pflegen.
Indessen verdarben sie mir an einer sonst liebenswürdi=
gen Person nichts; ja ich möchte fast sagen, sie erhielten
von einer solchen sogar einen Anstrich der Anmuth.
Einer von diesen kleinen Geniestreichen war unstreitig das
ganze Gedicht, besonders dessen Bekanntmachung, insofern
nämlich Elise selbst dazu beigetragen hat. Gleichwol
behagt es mir nicht wenig, daß der Sprung, obgleich
ein wenig über das Gleis hinüber, geschehen ist. — Sie
können sich kaum vorstellen, was für Aufsehen und Ge=
rede das Gedicht hier, besonders unter den hiesigen
Sultaninnen gemacht hat, denen ich eben nie sonderlich
gehuldigt habe. Weil es mich Anfangs selbst mehr
belustigte als interessirte, so theilte ich's wol einigen
Freunden mit, wodurch sich denn gar bald mehrere Ab=
schriften im ganzen Publicum verbreiteten, und ich bin
seitdem mit dem Schwabenmädchen bald im Scherz bald
im Ernst nicht wenig geneckt und behelligt worden. Das
Lustigste ist, das einige — versteht sich Sultaninnen, die
zwar innerlich genug nach Schnupftüchern seufzen mögen,
aber es doch für Verletzung der weiblichen Majestät
halten, auf Zuwerfung derselben ausdrücklich anzutragen
— das Lustigste, sage ich, ist, daß einige glauben, das
ganze Gedicht könne unmöglich etwas anders sein, als

2 *

eine Plaisanterie, womit irgend ein Spaßvogel — also nicht einmal eine Spaßvogelin — mich zum Besten haben wolle. Andere gehen mir dagegen sehr ernsthaft zu Leibe und fragen, ob ich denn so ganz und gar still sitzen und der Sache gar nicht weiter nachforschen wolle. Es wäre ja doch unerhört und unverantwortlich, sich so streicheln zu lassen und nicht einmal nach der streicheln= den Hand umzusehen. Dennoch möchte vielleicht die Hand es gar sehr verdienen, daß man nach ihr griffe und sie vest hielte, u. s. w. Kurz, ich werde über meine scheinbare Indolenz bisweilen fast ausgescholten. Ich erwiedere dann ganz kalt, daß ich fast gar keine Mittel und Wege vor mir sehe, die Verfasserin des Gedichts zu entdecken, wenn es ihr nicht selbst gefalle, ihre Spur mehr zu verrathen. Madame Ehrmann kenne sie ebenfalls nicht. Ich müsse also ruhig ab= warten, was für ein Licht mir etwa künftig noch ein= mal von ungefähr darüber aufgehen werde. Seitdem sollen nun unsere Schwaben und Schwäbinnen, deren wir hier nicht wenige haben, darauf ausgehen, die Sache gründlich auszukundschaften, es koste auch was es wolle. Diesen Umstand kann ich in Zukunft bequem genug nutzen, Elisen glauben zu machen, ich sei ihr ohne Hilfe der Madame Ehrmann gar bald auf die Spur gerathen. Wenn ich nur erst unmittelbar etwas von ihr habe. — Merkwürdig genug wäre es übrigens und in der That ein allerliebstes Anekdötchen für Stadt und Land, wenn aus dem Spaß noch einmal Ernst würde. Ich selbst müßte vor süßer Verwunderung kaum, was ich dazu sagen sollte, wenn auf eine so sonderbare Art in dem fernen Schwabenlande für meines Lebens Nachmittag noch ein Glück sich aufthun sollte, welches noch irgend auf Erden zu finden ich nach dem Tode der Einzigen längst nicht mehr hoffte, so weit ich auch meine Blicke in Ober- und Niedersachsen umherwerfen mochte. — Leben Sie wohl, theuerste Freundin! Auf meine Discretion dürfen Sie übrigens sich eben so sicher verlassen, als ich auf Redlich-keit und Edelmuth Ihres Herzens, auf Wahrheit eines jeden Ihrer Worte baue; und wenn wir uns gleich bis-her noch nicht von Angesicht zu Angesicht sahen, so könnte es ja doch vielleicht künftig — und wer ·weiß wie bald — noch einmal geschehen."

Zwischen diesem und dem nächsten Briefe Bürger's liegen zwei Episteln der „theuersten Freundin", theils in Angelegenheiten ihrer „Amalia," theils ihrer Heirats-vermittlung. Sie hatte an dem Mädchen „herumgezupft" und wenn nicht wachsende, so doch die frühere Neigung zu dem Dichter unversehrt befunden. „Sie bestürmte mich auf alle Art, ohne daß ich wußte, wie ich ihr gram wer-den sollte, da ich meine innige Zuneigung zu Bürgern nicht verleugnen konnte, und es meiner und meiner Mutter Eitelkeit schmeichelte, zu sehen, wie er sich in seinen Briefen an Madame Ehrmann fortwährend so viel mit mir be-schäftigte. — — Ein Unstern hatte diese Frau nach

Stuttgart geführt. Ohne ihre Künste und Zwischen=
trägerei wäre ich niemals eine so unglückliche Frau ge=
worden, welcher Jugendfehler zu Verbrechen gemacht
worden, und gegen welche sich verdammend auszusprechen
Jeder ein Recht zu haben meint, weil diese Fehler eben
die Fehler einer Frau gewesen sind," schrieb Elise im
März 1810 einer Freundin in Hamburg, ähnlich später
einer Dame in Dresden, und ähnlich lautet eine Notiz
in ihren hinterlassenen Papieren.

Anbahnung unmittelbaren Verkehrs war jener aber
aller Mühe ungeachtet noch nicht gelungen. Uebri=
gens wolle sie jetzt bekennen, daß sie sich eine kleine
Schäferei erlaubt: Das Mädchen heiße n i c h t Elise!
Den übrigen uns interessirenden Inhalt der ersten
dieser beiden neuen Kundgebungen (von der zweiten
bin ich in Unkunde) offenbart uns Bürger's Replik vom
28. Jan. 1790.

„Mit unbeschreiblicher Begierde" — heißt es dort
— „bin ich über das erste Heft Ihrer Amalia herge=
fallen. Und warum? Etwa zu genießen, was Sie uns
Schmackhaftes aufgetischt haben? — Ach nein, diesmal
nicht! Ich muß es Ihnen nur aufrichtig gestehen, daß
ich zuerst über Ihr Subscribentenverzeichniß, und be=
sonders über die Rubrik Stuttgart darum so heißhungrig
herfiel, weil ich da wenigstens den Namen meines
Schwabenmädchens herauszubuchstabiren hoffte. Trotz
Ihrer Verschwiegenheit hatten Sie sich nämlich den Um=

stand entfahren lassen" — natürlich mit gut kupplerischer
Geflissentlichkeit — „daß unter nur sechs Stuttgarterin=
nen sich auch mein Mädchen mit befände. Ha, dacht'
ich, das soll dir gewiß auf die Spur helfen! Es müßte
doch gar wunderlich zugehen, wenn unter so Wenigen
auch nicht einmal eine Vermuthung Statt haben sollte.
O wie freute ich mich zum Voraus, Sie, meine ge=
heimnißvolle Dame, ein wenig — auslachen zu können!
Aber ach —! Nun — ein kleines Licht ist mir, glaub'
ich, dennoch aufgegangen. Was wetten wir, ich weiß
den Namen meines Liebchens wenigstens schon halb?
Todt, mausetodt will ich mich schlagen, wenn sie nicht
Elise heißt, ob Sie mir gleich versicherten die=
sen Namen nur aus Schäkerei genannt zu
haben. In der That, ein schöner poetischer Name,
der sich in meinen künftigen Versen noch recht hübsch
ausnehmen soll! Jede Ihrer übrigen Stuttgarterinnen
ist eine Madam, und wie sollte eine Madam mir
gegenüber auf so bräutliche Einfälle gerathen? — Also
Elise — leugnen Sie's noch, wenn Sie das Herz
haben! Mademoiselle Elise ist mein gebenedeites Schwa=
benmädchen. — Aber wie nun weiter? — Ja, da hapert
es freilich noch. Die fatalen Sternchen! Doch — das
Uebrige bringe ich zuverlässig auch noch heraus, wenn Sie
mir's nicht bald, nicht in Ihrem nächsten Briefe gutwillig
sagen. Wahrlich, Sie sollten sich nicht so alle Gelegenheit
entgehen lassen, sich um mich verdient zu machen. Denn

sehen Sie nur, liebe gute Frau, wenn ich Alles ohne Sie erfahre, so erfahren Sie auch nichts von allem dem, was etwa künftig zwischen mir und meinem Liebchen vorgehen möchte. Ach, und dann müssen Sie ja in der Blüte Ihres schönen Lebens vor unschuldiger Neugier des bittersten Todes sterben. Also nur hübsch ge= beichtet, liebe Frau! — Hiernächst rufen Sie auch Elisen** hinter den zwei Sternchen, die meine Phan= tasie in zwei hübsche blaue freundliche Aeuglein ver= wandelt, in meinem Namen das Sprüchlein meines Musäus' — Alas, poor Yorick! Volksmärchen zu:

> Ich suche Dich, ich sehe Dich,
> Fein's Liebchen, ach, verbirg Dich nicht!
> Flugs schwing Dich hinter mir auf's Roß,
> Du schöne Adlersbraut!

Man wird doch hoffentlich merken, wer der Adler ist. Sie können dabei die tröstliche Versicherung geben, daß der Adler weder an Kralle noch Herzen verlobt, viel weniger vermählt. Ich fürchte nur, daß dieser Um= stand noch nicht viel sagen will. Denn wenn fein's Liebchen den armen Wicht von Adler sieht, und merkt, daß ihm die weiland ganz artigen Schwungfedern aus Geist und Leib zum Theil schon ausgefallen sind, zum Theil mit nächstem Frost vollends ausfallen werden, dann wird — ach! dann wird, fürchte ich, das Herzens= thermometer ganz auf Nummer Null herabsinken. Diese Besorgniß verdirbt mir alle Lust an den noch so schön

geträumten Träumen der Zukunft. Gleichwol wird's
mein unbändiger Stolz nicht erlauben, auch nur ein
Einziges meiner unzähligen Gebrechen zu verbergen. —
Aber sagen Sie mir, liebe Freundin, warum sehe und
höre ich nun weiter nichts? Kann man mich für so
ruhig und geduldig halten? Ihr letzter Brief traf mich,
als ich eben von neuem meine Laute gestimmt hatte,
und sang:

>Warum schweigt mir nun die Kehle,
>Die so süßen Zauber sprach,
>Und der Freiheit meiner Seele
>Mehr als halb den Stab zerbrach?
>Läuft der Strahl, aus Gold entsponnen,
>In ein Spinnenfädchen aus?
>Ist das Glück, das ich gewonnen,
>Ein geträumter Götterschmaus?

>Holdes Bild, das jede Stunde
>Vor der Phantasie mir schwebt,
>Sag', ob auf dem Erdenrunde
>Dein wahrhaftes Urselbst lebt?
>Bist Du wesenlos und nichtig?
>Täuschung, die mein Herz gebar?
>Oder stellest Du mir richtig
>Ach! mein Schwabenmädchen dar?
>
>u. s. w.

— — Also hübsch ist es doch, und offen und munter
und helldenkend und allerliebst? Nun, das wäre
ja ganz herrlich, wenn es nur noch ein klein fein wenig

ausgemalt wäre. Du lieber Himmel, auf wie vielerlei
Art kann man nicht hübsch und allerliebst sein! Ich
möchte gern das Wie von Haupt bis zu Fuß, von
außen und von innen wissen; denn nur aus diesem
Wie kann ich beurtheilen, was für mich hübsch und
allerliebst ist, wenn's auch für die ganze übrige Welt
häßlich sein sollte. Der Himmel bescheere meiner Un=
geduld bald ein hübsch und treugemaltes Bild, weil
meine liebe Freundin mit ihren Worten so sparsam ist.
Sonst holt der kleine wohlbekannte Herzenshenker mit
dem goldnen Strick noch allen meinen Schlaf weg, und
in den Frühlingsferien, wenn ich mich herzgedrungen
fühlen sollte einen kleinen Absprung nach St. zu machen,
könnte mir mein Restchen Federn vollends ausgefallen sein.
Was meinen Sie, wenn ich vor Ihnen und meiner kleinen
Schwärmerin in Leibes= und Lebensgröße erschiene und
Sie Beide mich nicht kennten? Aber o weh! wenn dann
ein leiser Wunsch sich regte, daß ich doch der Mann sein
möchte, den man sucht? Auf mein Conterfei dürfte man
sich doch vielleicht nicht allzuvest verlassen; denn obgleich
Frisur und Rock recht gut getroffen sein mögen, so strei=
ten die Gelehrten doch noch über die kleine Nebensache
— das Gesicht. Ich weiß nicht, wer recht hat, denn
ich kenne mich selbst nicht im Profil. Das aber weiß
ich, wenn ich auch ja noch älter und häßlicher aus=
sehen sollte, so sehe ich doch, wenn ich mich an Leib und
Seele gerade wohl befinde, ein wenig lebendiger und

freundlicher aus, als jenes Bild. Sagen Sie doch ja
dem Mädchen, daß es sein Herzchen recht leise horchen
lasse, sobald es an der Zeit ist. Denn wenn das Herz=
chen mich nicht erhorchte, so reiste ich wieder fort ohne
mich kund zu geben, wenn ich auch auf der nächsten
Station den verliebten Schäfertod sterben sollte. —
Hören Sie, traute Freundin! Ich wünschte in der That
herzlich, sowol den hiesigen als den Stuttgartischen
naserümpfenden Sultaninnen einen Streich ohne gleichen
gerade in's Angesicht spielen zu können. Mir däucht,
ich hab' es Ihnen schon einmal gesagt, daß hier Manche
meinen, es existire so ein Mädchen gar nicht und das
Gedicht sei nur der Einfall eines Spaßvogels. Es wäre
doch drollig, wenn man auch in Stuttgart wähnte, ich,
der Dichter von Gottes Gnaden, existirte nicht. Es wäre
im Grunde nicht viel ärger, als meine angebliche ge=
doppelte Existenz in einer lebendigen ehelichen Hausfrau.

Mit Ihrem Schattenriß, liebe Freundin, haben Sie
mir ein überaus angenehmes Geschenk gemacht. Ich will
ihn über meinem Pult als Heiligenbild aufhängen und
beten: Sancta Marianna ora pro me! Daß ich in des
schönsten schwäbischen Mädchenherzens Lust= und Freuden=
himmel aufgenommen werden möge, und zwar, ohne so
lange erst im Fegefeuer zu braten."

Ohne ein Weiteres hierauf abzuwarten, schrieb
Bürger seiner Freiwerberin am 4. Februar schon wieder:

„ — — Sie sind selbst Schuld daran, warum stecken

Sie sich hinter Hänschen und Gretchen? Was da steht, muß sich gefallen lassen, alle Augenblicke gezupft zu werden. Ich fühle, daß ich alle Tage mehr von meiner altmännischen Gravität verliere, und es fehlt wol nicht viel mehr, so mache ich völlig die Rolle des Seladons von achtzehn Jahren mit angebranntem Herzchen und Köpfchen. Ich schäme und gräme mich fast schon nicht mehr, wenn die hochweise Vernunft zu mir spricht: Pfui, alter Mensch?"

Das Erste aber, was ihn diesmal drückte, war die Stelle ihres „letzten" Briefes: „Ich sage Ihnen nur noch, daß ihr Jemand jenes Gedicht weg= kaperte, und daß es zu ihrem Erstaunen und Schrecken wider ihren Willen, Dank sei der Vorsehung, bei uns eingerückt wurde."

Da dieser Passus mit solchem Wortlaute in keinem der frühern Briefe vorkommt, so kann er nur in dem erwähnten, mir nicht zur Kenntniß gelangten, enthalten sein, und es lag auf der Hand, daß Bürger, weil sie diesen Punkt schon früher, jedoch wesentlich anders, be= rührt, ihn jetzt mißverstehen und auf seine poetische Er= wiederung beziehen mußte. Entweder hatte Frau Ehr= mann vergessen, daß und was sie darüber geschrieben, oder sie hielt es jetzt nöthig, der Wahrheit unübertünchte Ehre zu geben, weil sie bei dem vorauszusehenden Gange der Dinge doch bald an den Tag treten würde. Bürger wünschte Beruhigung, daß sein Gedicht nicht ebenfalls

gedruckt worden sei, und bekam sie kurze Zeit darauf
mündlich.

„Das Zweite, gute Frau, warum ich schreibe, ist —
nein, das will ich Ihnen noch nicht einmal sagen. Sie
sollen es von dem Schwabenmädel erfahren, an welches
ich die Einlage zu geben bitte. Ach, könnte ich doch
als Mäuschen gegenwärtig sein! Wie die geheimniß=
reiche Frau dastehen, roth werden, stammeln und ihre
ganze Rolle vergessen wird! Mit allen Ehren von der
weiblichen Verschwiegenheit gesprochen, so läßt sich doch
die männliche auch nicht lumpen, besonders wenn Freund
Amor mit im Spiele ist. Kurz und gut, Madame, ich
habe es über und über heraus, wie mein Schwaben=
mädchen heißt, oder — ich will feierlich durch das ganze
heilige römische Reich für einen dummen Teufel aus=
gerufen werden. Nachgerade, dächte ich, gäben Sie Ihre
Geheimnisse ein wenig wohlfeiler, oder ich bringe Ihnen
die meinigen umsonst in's Haus. — — Geben Sie doch
meinem Liebchen auch zu verstehen, daß nunmehr nichts
besser gethan sei als den Schleier selbst wegzuwerfen
und mit holdem Erröthen zu gestehen: Ja, ich bin es!
O wenn sie es nur fühlen könnte, wie behaglich
mir dabei zu Muthe sein würde, sie zögerte gewiß keinen
Augenblick. Wer weiß, ob nicht mein Glück schon unter=
wegs ist. Ungeduld! Ungeduld, mach' es doch nicht zu
arg! — — — Ich hoffe, Sie werden es billigen, liebe
Freundin, daß ich auf beiliegende Art der Weiblichkeit

ein wenig zu Hilfe komme. Die Einlage an Elisen
enthält weiter nichts als ein Räthsel.

> Was Holdes lobt und liebet mich;
> Und doch verbirgt das Holde sich.
> Drob Neugier, drob zerrathe Dich!
> Führt Dich der Reim auf rechte Bahn,
> Triffst Du des Holden Namen an:
> Mich lobt und liebt E....H...

Ich kann hundertlei Geschichten vorgeben, wie ich
durch die hiesigen Schwaben und Schwäbinnen auf die
Spur gekommen bin; und es muß Mutter und Tochter
lieb sein, daß ich das Geheimniß auf diese Art selbst so
weit hervorziehe, da das Verbergen ja doch nichts mehr
hilft. Bekomme ich denn wirklich ein Portrait? Mich ver=
langt doch recht sehr darnach."

Sein Verlangen sollte eher befriedigt werden als er
ahnte. Frau Ehrmann hatte all' ihren Witz in Trab
gesetzt ein endliches Ziel zu erreichen, das sie um so
weniger verfehlen konnte, als ihre Kunst von Hause
aus zu keinem Rennen mit sonderlichen Hindernissen
provocirt ward.

„Mein letzter Brief," meldete der Vorige unterm
11. Februar 1790, „war wol kaum hier zum Thor
hinaus, als ihr (Elisens) Päckchen bei mir einlief. Wie
mir das Herz beim Anblick hämmerte, wie mir die Hände
und jedes Glied am Leibe zitterten, das könnte Ihnen
vielleicht der Briefträger besser schildern als ich. Denn

es war so arg, daß dieser nicht einmal mir im Angesicht
seine Glossen zurückhalten konnte. Kaum war er fort,
so schloß ich meine Thür ab, riß das Paquet auf und
hätte fast alles kurz und klein gerissen. Aber was soll
ich Ihnen von dem ersten Eindruck sagen, den das Bild
auf mich machte? Ich kann ihn mir selbst nicht einmal
im Geist wiederholen, geschweige denn mit Worten aus=
drücken. Sie meinen wol, er wäre so entzückend ge=
wesen? Nein! Aufrichtig zu reden, er war es nicht, ob
ich mir gleich bis diese Stunde den feindlichen Zauber
noch nicht erklären kann, der sich in den ersten Minuten
des Anblicks sowol meiner Augen als meines Herzens
bemächtigte. Kurz, das Bild stellte mir eine Gestalt
dar, die meinen Augen und Herzen ganz fremd, beiden
nicht das Mindeste anzugehen schien. Ich legte das Bild
weg, lief einigemal im Zimmer auf und ab, in einer
Stimmung, die nichts weniger als behaglich war. End=
lich griff ich nach den Briefen und las. Ich fühlte
mich besser darnach werden, und unvermerkt war die
vorige Unbehaglichkeit, ich weiß selbst nicht wie, ver=
schwunden. Ich eröffnete mein Bild wieder und — o
Wunder über Wunder! — Was sah ich? — Ein nied=
liches braunes Mädchen, an welches nicht nur meine
Augen, sondern auch mein Herz längst gewöhnt schienen,
ja dem das Herz schon mit Liebe entgegen schlagen
konnte. Das letzte hat seitdem von Stunde zu Stunde,
von Tage zu Tage zugenommen, und kurz und gut, ich

liebe das Mädchen, welches dieses Bild mir darstellte. Jener erste Eindruck ist so ganz verschwunden, daß ich ihn mir nicht einmal zurückrufen, viel weniger gründlich erklären kann. Alles, was ich mit einiger Wahrscheinlichkeit herausbringen kann, ist, daß jener fatale Zauber durch einige Nebenvorstellungen veranlaßt wurde. Was ich sonst geliebt habe war blond; daher phantasirte ich mir auch immer mein Schwabenmädchen blond. Es mußte mir also wol fremd auffallen, gerade das Gegentheil zu finden. Manches möchte ich auch wol auf die Rechnung des Malers setzen, der den Haaren das Ansehen einer großen kohlschwarzen Allongen=Perrücke, und sonst sowol dem Gesicht als der Stellung manches gegeben hat, welches sich zuverlässig in dem Original nicht findet. Sähe ich das Original selbst daneben, so würde ich mich bestimmter darüber ausdrücken können."

Aehnlich soll er seine damalige Gemüthsbewegung der Freundin Frau Elise von der Recke geschildert haben. Da sie aber den betreffenden Brief aus Versehen der Vernichtung übergeben, berichtete sie darüber nach der Erinnerung, und es scheint, daß entweder ihr Gedächt= niß nicht ganz treu geblieben, oder daß Bürger's Mit= theilungen der Wahrheit nicht gänzlich entsprachen und der Einbildung die Zügel dahin schießen ließen, wohin die Thatsachen nicht mehr folgen konnten. „Vorzüglich," versichert Frau v. d. Recke, „ist mir im Gedächtnisse geblieben, daß Bürger, als durch die geistreichen

und gefühlvollen Lieder und Briefe des
Mädchens aus Schwaben sein Herz und Kopf
schon ganz gefangen waren, er seine Geliebte um
ihr Bildniß gebeten habe. Dies sei nach einiger
Zeit angekommen, von einem herzlichen Briefe begleitet.
Mit ungeduldiger Liebe habe er das Paquet eröffnet,
sei aber von Angst und Schrecken ergriffen worden, als
er das schöne Bild einer hardi Brunette erblickte. Ihm
war, als schwebte seine sanfte, holde, blonde Molly in
aller Milde ihres Liebreizes seiner Seele vor. Er sah
wieder auf das Bild der schönen Brünette hin; ihr
feuriger Blick schreckte ihn noch mehr; er warf das Bild
und den noch ungelesenen Brief auf den Tisch, lief
aus seinem Zimmer, schloß hinter sich zu,
und eilte von wunderlichen Gefühlen ergrif=
fen in's Freie. Hier kam er an ein Waizenfeld.
Die Zeit wurde ihm gegenwärtig, da er das Lied ge=
dichtet hatte: „O was in tausend Liebespracht u. s. w.“,
und Molly mit den blonden Locken und dem sanften
Blicke schwebte ihm vor Augen. Thränen machten seinem
beklemmten Herzen Luft. Ihm war, als winkte jede
Kornähre ihm den Gedanken zu: Knüpfe kein Eheband
mit dem poetischen Mädchen aus Schwaben! Sinnend,
wie er sich aus diesem Handel auf eine recht=
liche Art herausziehen könne, ging er langsam
zu seiner Wohnung zurück. Hier las er nun den Brief
und, wenn ich nicht irre, auch das Gedicht, welche das

Bild begleitet hatten. Der Brief war so sinnig, so zart, so liebevoll geschrieben, daß er nun das Bildniß von Neuem betrachtete und die in jenem geäußerten Gesinnungen mit dem Ausdrucke der feurigen Augen des Portraits zu vergleichen suchte. Wie erstaunte er über den angenehmen Eindruck, welchen dies Bildniß nun auf ihn machte!" u. s. w.

Elise hatte ihm aber, wie wir wissen, bis dahin weder Lieder noch Briefe geschickt, ein einziges verführte ihn wider ihr Wissen und Wollen, und um ihr Portrait war sie blos indirect angegangen worden. Es ist ferner möglich, daß er bewegten Gemüths hinterher einen Spaziergang angetreten, und daß ihn die Erinnerung an Molly schmerzhaft, vielleicht sogar abmahnend ergriffen. Psychologisch glaubwürdiger hingegen ist der Seelenzustand, wie er ihn an Marianne eröffnete. Einmal schon so in Leidenschaft verstrickt, daß bei der ersten Sendung der Geliebten vor ungeduldiger Erwartung alle Nerven beben, ist es begreiflich, daß der erste Anblick einer bezaubernden Schönheit uns unruhig vom Sitze treibt; doch ist es nicht begreiflich, daß wir davon laufen, zumal wir gewahren, wonach wir lechzten, daß sein Mund Leben gewinnt, erblicken, daß es sein Inneres erschließt, nackt gesprochen: daß es uns seine Liebe gestehen wird. Wenn Bürger sich einen Moment abgestoßen oder richtiger feindlich gefesselt fühlte, so mag es wol seine Erklärung in der unbewußten Ahnung haben, daß er einem so dämonisch feurigen Blicke und so verlangenden Lippen, einem Molly ganz unsagbar überbietenden Gesammtreiz nicht lange werde genügen können. Aber seine Leidenschaft war nun andererseits in eine so entfesselte Magie der Sinnlichkeit gebannt, daß der Gedanke ihr zu entfliehen, wenn er je aufstieg, einem Wölkchen gleich vor ihrem Kreise zerstieben mußte. — Uebrigens hatte Elise, die keineswegs von kleiner Statur war, dem Maler zu diesem Bilde bereits ein Jahr vorher gesessen, wie Frau Ehrmann in ihrem Nächsten schrieb.

„Doch alles" — fährt Bürger in dem vorigen Briefe fort — „was mir beim ersten Anblicke als fremd, wiewol freilich nur dumpf und dunkel auffiel, das hat jetzt ganz seine Wirkung verloren. Ich wollte wetten, daß ich, wenn anders der Maler nicht gar zu himmel= weit vor dem Ziele vorbeigeschossen, das Mädchen nun völlig, wie es in der Natur leibt und lebt, im Geist aufgefaßt hätte, und so, muß ich wiederholen, weiden sich Augen und Herz daran. Ich sage Ihnen, das Bild kommt nicht von mir, weder Tag noch Nacht. Oft seh' ich's Stunden lang an und grüble mich fast todt darüber, wie es zugehen konnte, daß mir's nicht gleich beim ersten Anblick eben so lieblich an's Herz griff. Die Locken, wenn sie wirklich so schwarz sind, als das Bild vermuthen läßt, müssen indessen noch ein wenig gepudert werden. Ich habe das dem kleinen Mädchen

3*

selbst gesagt; unterstützen Sie mich darin, liebe Freundin.
— Uebrigens habe ich in der Beilage an Elisen so ge=
schrieben, daß Tochter und Mutter hoffentlich mit mir
zufrieden sein werden. Ich möchte den Eindruck doch
wol wissen, den mein Brief auf Elisen macht. Hat
Elisens Herz wirklich die Empfänglichkeit, die ich wünsche,
so kann und darf sie nun nichts mehr hindern, sich mir
ganz anzuvertrauen. Denn sie sei auch gerathen an
wen sie wolle, so ist sie doch bei Gott! an keinen
Schurken gerathen. — — — Suchen Sie Elisen zu
recht baldiger Antwort zu bewegen. Ich muß hierauf
auch erst noch einmal umständlich an sie schreiben, und
dann — und dann — — die Frühlingsferien kommen
mit jedem Tage näher. Wie bald läuft die Zeit hin!"

Nachschrift: „Hören Sie, gute Frau! Zeigen Sie
denn wol Elisen meine Briefe? Oder referiren Sie daraus?
— Mit diesem müßten Sie doch wol für's erste eine
Ausnahme machen. Es ist zwar nichts darin, was ich
ihr nicht selbst über ein Weilchen zuschäkern werde.
Allein jetzt will mir doch fast bange sein, es möge das
traute Mädchen betrüben, daß es mir Anfangs so albern
ging, so sehr das auch vorüber ist."

Hinzu fügte er noch folgendes „Notabeneblatt:
Für jetzt habe ich auf dies Blatt eben nichts besonderes,
als den verhenkerten jungen Cavalier. Hole ihn dieser
und jener! Ich kann nun zwar nicht sagen, daß er mir
bis jetzt was zu Leide thäte; dennoch aber ist mir, als

ob ich ihn nicht sonderlich leiden könnte. Was hält Elise
von ihm? — — Ich liebe das Mädchen in der That, wenn
es wirklich so ist, als ich mir's nach Allem, was ich bis
hieher erfahren, vernünftiger Weise vorstellen muß; und
ich mache Ernst, wenn es ihr ein Ernst ist. Aber ich
fürchte bei näherer Bekanntschaft mit ihr zu verlieren.
Gleichwol leiden es meine Grundsätze nicht, sie auch
nur im geringsten zu täuschen. — Von ihrer Antwort
wird es nun abhängen, ob ich mich ihr ganz mit meinen
sowol moralischen als physischen Mängeln und Ge=
brechen darstellen soll. Hat sie alsdann noch Lust zu
mir, nun so komme ich ganz in der Stille nach St.
Schlechter soll sie mich dann wenigstens nicht finden,
als ich mich zum Voraus gemalt habe. Ich denke, es
ist Pflicht, hier lieber in's Häßliche als in's Schöne zu
malen. — Ich denke doch, daß Sie meinen Hauptbrief,
so wie er da ist, werden vorweisen können. Haben Sie
Acht auf die Wirkung, die der meinige an Elisen thut,
und melden Sie mir's. Er ist mir ächt von Herzen
gegangen. Bin ich irgend im Stande, ist das Mädchen
irgend im Stande mich glücklich zu machen, so geschehe
was der Himmel will. —

Sagen Sie mir, liebe Freundin, hat das Mädchen
einiges Vermögen? Und wie viel wol? Freilich eine
elende Frage, die ich selbst mit Ekel und Unwillen thue!
Aber warum hat die Erzmetze Fortuna mich dazu ver=
dammt, daß ich sie thun muß?" —

Weder von Wort zu Wort noch in nuce ist mir
der in diesem Briefe erwähnte Beischluß Elisens bekannt;
aber von mehreren Seiten wird bestätigt, daß ihre erste
Zuschrift an Bürger innig, liebevoll, zart, mit rückhalts=
voller Weiblichkeit verfaßt und in dem begleitenden Ge=
dichte die reinste Zuneigung in edler Simplicität aus=
gesprochen worden. Sie war, so versicherte Frau Ehr=
mann beinahe spornstreichs, vest entschlossen ihm ihre
Hand zu reichen, und das erklärte ihm Elise hinterher
selbst. Ich sage „spornstreichs," denn die betreffende Zu=
schrift trägt das Datum „18. Februar 1790;" zwischen
Bürger's letzten Herzensergießungen an sie und ihrer
Erwiederung liegt also nur ein Zeitraum von sieben
Tagen, der bei dem damaligen Postenlaufe meine Be=
zeichnung vollkommen rechtfertigt. Zugleich kündigte sie
dem in den Stürmen des Lebens so unglücklichen Segler
nachdrücklich an, seine künftige Gattin dürfe außer son=
stiger reichlicher Ausstattung auf eine baare Mitgift von
„ein paar tausend Gulden" rechnen, und was sie nach
ihrer Mutter Tode mit ihrem Bruder zu theilen haben
würde, stelle sich mindestens auf das Zehnfache heraus.
Doch nach allen Verlockungen umgürtete sie sich nun
auch straffer denn vormals mit der Toga einer vorsich=
tigen Warnerin. Vielerlei Unerfreuliches sage der
öffentliche Leumund der Auserkorenen nach; sehr Be=
denkliches hänge ihr die Medisance an, dessen Grund
oder Ungrund sie nicht zu untersuchen vermöge. Er

werde wohl thun bei den in Göttingen aufhältlichen Stuttgartern nach ihrem Rufe weiter zu forschen, und er werde wohl thun in Erwägung zu ziehen, daß sie erst zwanzig Jahre zähle, er dagegen ein Vierziger sei.

Die Komödiantin! sie wußte von anderer Seite her, daß Bürger dieses Raths nicht mehr bedurfte, daß er bei Diesem und Jenem über sein Mädchen geforscht, seitdem ihm dessen Name außer Zweifel schien. Alle Nachrichten lauteten bis auf den letzten Tag sehr günstig, vornehmlich in Betreff ihrer sittlichen Eigenschaften verlautbarte nur Lobenswerthes. Die Diplomatin! Sie vergaß nicht beizufügen, daß freilich kein Erfahrungssatz Abweichungen ausschließe, wie sie denn — eine an sich viel bedenklichere Altersungleichheit — ihres Mannes Leben um neun Jahre überschritten, und dennoch ihrem ehelichen Glücke beiderseits nichts angewünscht würde.

Im Uebrigen erinnerte Dame Ehrmann etwas empfindlich an die wiederholt versprochenen Gratis-Beiträge zur „Amalia" und deren Recension in einem wirksamen Journale. Natürlich! die gute Frau konnte doch nicht ganz ohne Entgelt für ihre eifrigen und kunstfertigen Unterhändeleien bleiben. Sie blieb es aber: das Versprochene kam nie.

Wäre nun auch die hie und da ausgesprochene Vermuthung begründet, daß die Aussicht auf Erleichterung des ökonomischen Last- und Frachtwagens, an welchem der arme Dichter beständig keuchte — die Härte

äußerer Schicksale klammerte sich von Ewigkeit her am
liebsten an die Fersen ausgezeichneter Menschen, und
die schwieligen Herzen unseres deutschen Volks zumal
ließen gerade die verdienstvollsten Geister darben —, ich
sage: hätte jene Aussicht ihn vollends zu der bevor=
stehenden Vermählung bestimmt, so schwelgte er doch zu
sehr wieder in Liebe, so lebte er doch in zu unendlicher
Abhängigkeit vom weiblichen Umgange, als daß er diese
Verbindung überhaupt hätte rückgängig machen sollen,
wenn sich ihr weiter nichts entgegenstellte als Mangel
an Aussicht auf Besserung seiner bedrängten Lage.
Einen Beweis hiefür haben wir in der gänzlichen
Fruchtlosigkeit der ihm von einigen befreundeten Göt=
tingern geäußerten Besorgnisse, als sie den Ernst seines
Wagestücks — was jede Ehe mehr oder minder ist —
erkannten. Frau von der Recke schrieb ihm mit dürren
Worten, sie fürchte, sein Roman werde schlecht enden.
Er antwortete: „Poetisch = phantastisch fing mein Liebes=
handel an, aber ich hoffe — meine Ehe soll prosaisch
glücklich sein." Von unbekannter Hand kam ihm
folgende

Warnung an Bürger.

Ein Mädchen ist mit zwanzig Jahren
In Schwaben herzlich unerfahren
Und liebt und wirbt gar unbesehn.
Schnell ist der künft'ge Mann gefunden,
Viel schneller ihre Lust verschwunden;
Wie kann sie auch bestehn?

Hat Chodowiecky allen Leuten
Dich Singenden in Deine Saiten
Nicht als Philister dargestellt?
Dein Haupt im Schmuck der Bürgermeister,
Dein Schlafrock Spott der schönen Geister;
So kennt Dich längst die Welt.

Doch will das Jüngferlein aus Schwaben
An Dir den ersten Gatten haben?
O Bürger, merke klug auf mich!
Es will das Jüngferlein aus Schwaben
Den ersten Gatten bald begraben;
Darum erwählt sie Dich.

Aus Wolken, die mich oft verstecken,
Tret' ich, um meinen Freund zu decken,
Mit strengem Blick und Wort hervor.
So strenge bin ich Dir zu Ehren.
Drum leihe gut gemeinten Lehren
Dein bald bethörtes Ohr.

Schwer konnte Tönen der Syrene,
Verstärkt durch ihres Anblicks Schöne,
Odysseus selber widerstehn.
Willst Du aus ihren Rosenketten
Den fast verstrickten Nacken retten,
So mußt Du nie sie sehn.

Aus Italien.

Frau Menschenschreck.

Er entgegnete öffentlich:

> In Schwaben ist mit zwanzig Jahren
> Ein Mädchen nicht so unerfahren,
> Liebt sie und wirbt gleich unbesehn.
> Wenn Seelenadel den erhebet
> Des Harse süß das Herz erbebet,
> Wie leicht ist's da geschehn.

> Ha, stellte nun auch, wie im Bilde,
> Als Aga der Philistergilde
> Der traute Harfner selbst sich dar:
> So blieb' ihr doch der Herzbeweger,
> Als Rockelor= und Atzelträger,
> Was er vorher ihr war.

> Um Geistes= und um Herzensgaben
> Warb laut das Jüngferlein aus Schwaben,
> Und nicht um Fleisch und Bein und Kleid.
> Und traun! das Jüngferlein aus Schwaben
> Wünscht das sobald nicht zu begraben,
> Was wechsellos erfreut.

> Getreu wird's, unter Himmelssegen,
> Des einzig lieben Mannes pflegen,
> Bis zu dem höchsten Stufenjahr;
> Und Deutschland soll's zu rühmen haben,
> Daß dieses Jüngferlein aus Schwaben
> Einst Bürger's Gattin war.

> Drum, Sängerin der falschen Lehren,
> Die keck dem schönsten Bündniß wehren,
> Schweig, oder schrei in leeren Wind!

Des Freundes Nacken willst Du retten?
Wie? Auch aus weichen Rosenketten,
Die ohne Dornen sind?

Wär' er wie Du in Welschlands Mitte —
Denn da nur herrscht Syrenensitte —
So warnt' ihn wol Dein Wort zurück.
Doch, wen der Liebe goldne Schlingen
Im biedern Schwabenlande fingen,
Dem lacht sein gutes Glück.

Um sich indeß der Zukunft an Elisens Seite völlig
zu vergewissern, erachtete er es nothwendig sie auf Alles
aufmerksam zu machen, was ihr späterhin an dem Gat=
ten möglicherweise mißfallen und den Frieden einer so
romantisch geschlossenen Ehe stören könnte. Und so
schickte er denn angekündigtermaßen eine umständliche
Schilderung seiner selbst und seiner Verhältnisse an sie
ab, die er die „Beichte eines Mannes" nannte „der ein
edles Mädchen nicht hintergehen will."

Ich gestatte mir, diese merkwürdige Urkunde hier
folgen zu lassen.

„Besäße die lebhafte rasche Schwärmerin, deren
Liebe schon durch ein Paar Hauche meines Geistes und
Herzens angefacht werden konnte, — besäße sie auch
Alles, was die kühnsten Ansprüche eines Mannes be=
friedigen möchte, Schönheit und Anmuth, wie des Geistes,
so des Leibes, Güte und Adel des Charakters, Feinheit
der Sitten, Stand und Vermögen; hätte sie auch mit

allen diesen Vollkommenheiten mein ganzes Wesen längst
dergestalt bezaubert und gefesselt, daß sie nothwendig
das Ziel meiner heißesten unauslöschlichsten Wünsche
sein und bleiben müßte: so könnte, so dürfte ich dennoch
dies Bekenntniß der heiligen Wahrheit nicht unterdrücken,
wenn ich auch gleich im voraus wüßte, daß sie mir
dadurch, zu meinem unaussprechlichen, bis in's Grab
hinab dauernden Kummer, verloren ginge. Also gebeut
mir der Richter, der Gesetzgeber, der Gott, den ich in
meinem Busen trage, denn ich nicht verleugnen kann,
den ich verehren, dem ich, trotz allen widerstrebenden
Neigungen gehorchen muß, wenn ich nicht unmittelbar
die grausamste aller Seelenstrafen, Verachtung und Ver=
abscheuung meiner selbst auf mich laden will.

Theures Mädchen! so sehr ich wünsche, daß Sie die
Person sein mögen, der es verliehen ist, den Nachmittag
und Abend meines Lebens zu beseligen; die Person,
welche nun noch auf Erden zu finden ich längst ver=
zweifelte; so sehr ich wünschte, der einzige Mann Ihres
Geistes, Ihres Herzens, Ihrer Sinne, und in allen
diesen der Mann Ihrer höchsten irdischen Glückseligkeit
zu sein: eben so sehr drängt mich auch die Pflicht, Sie
durch dieses getreue Bekenntniß von mir selbst zu streng=
sten Prüfung aller Ihrer Neigungen und Ansprüche erst
aufzufordern, ehe der Enthusiasmus uns Beide zu
Schritten verleite, die uns in großes Unglück führen
könnten. Ich will daher mein Inneres und mein

Aeußeres so schildern, daß, wo möglich, ich selbst hinfort mich nicht genauer kennen will, als Sie mich kennen sollen.

Was zuvörderst meinen Geist und mein Herz betrifft, so mögen Sie zwar wol glauben, Beides aus meinen öffentlichen Werken so hinlänglich zu kennen, um sich in Ansehung dieser Stücke volle Genüge für Ihre Wünsche versprechen zu dürfen. Allein vielleicht könnten Sie dennoch wol irren. Ich will zwar, eben so unbe= fangen von Demuthsziererei, als von Dünkel, gern zu= geben, daß Einiges unter meinen Werken befindlich sein möge, das eines edeln Geistes und Herzens nicht un= würdig ist. Allein daraus dürfen Sie auf vollkommenen und unbefleckten Adel meiner Seele keinen Schluß machen. Es wäre sonst eben so viel, als ob Sie von einigen schönen Blüten auf gesunde und unverdorbene Schönheit und Vollkommenheit des Baumes, welcher sie trug, schließen wollten. Auch ein wurmstichiger mehr als halb verrotteter Stamm mag, wenn er sonst nur ursprünglich guter Art ist, noch immer deren einige hervorbringen. Nun fürchte ich sehr, daß Sie und Jeder, der mich näher kennen lernt, trotz dem besten Vorurtheil, das er vorher für mich hegte, genöthigt sein werde, mich für einen solchen verdorbenen Stamm zu halten. Ungewitter und Stürme des Lebens haben hart in meine Blüten, Blätter und Zweige gewüthet. O, ich bin nicht der= jenige, der ich vielleicht der Naturanlage nach sein könnte,

und auch wol wirklich wäre, wenn mir im Frühlinge
meines Lebens ein milderer Himmel gelächelt hätte. Durch
viele und langwierige Widerwärtigkeiten bin ich an Leib
und Seele so verstimmt worden, daß ich oft in eine
trübe melancholische Laune, und dabei in eine Ohnmacht
des Geistes versinke, die mich gewiß nicht empfehlen kann.
Denn ich verliere alsdann allen Muth, alles Vertrauen
auf mich selbst, und halte mich für kopfleer, für herzkalt,
für wortarm, kurz, für einen höchst werthlosen Stümper.
Ich denke, Jeder, der mich nur ansieht, spricht bei sich:
„Es ist mit dem Menschen doch gar nichts anzufangen!“
weil ich dies wirklich selbst glaube. Darob bin ich mir
dann selbst gram; und wenn man sich selbst gram ist,
so kann man unmöglich Andern angenehm und liebens=
würdig erscheinen. Da ich indessen ursprünglich gewiß
mehr Anlage zum Frohmuth, als zum Trübsinn habe:
so wäre ich wol in den letzten Jahren in mein erstes
Natur=Geleise zurück gelangt, wenn ich meine gefeierte
Molly = Adonide behalten hätte. Denn in dem Be=
sitze ihrer Person und Liebe fühlte ich mich sehr merklich
wieder gedeihen, wie an Reichthum des Kopfes, so an
Fülle, Wärme und Kraft des Herzens. Jene Laune
belästigte mich damals in weit geringerem Grade, und
das Weib meines Herzens erfuhr davon, wie ich glaube,
gar keine Beschwerde. Wodurch hätte ich aber nach
ihrem Hinscheiden genesen sollen? — Liebe, aber unge=
meine Liebe brächte vielleicht jetzt noch eine volle Wieder=

geburt mit mir zu Stande. Sollte sie aber wol möglich
sein, eine so gewaltige Liebe, die es der Mühe werth
hielte, ein lange verstimmt gewesenes Instrument rein
umzustimmen und mit neuen Saiten zu beziehen? Und
würde hernach das Instrument ihr Mühe und Kosten
vergüten? — Ach, ich bin auch im Stande der Gesund=
heit des Leibes und der Seele nur ein gewöhnlicher
Alltags=Mensch, wie sie zu Millionen unter Gottes Him=
mel herumlaufen. Ich erstaune, wie ein vernünftiges
Publicum mich, um einiger guten Verse willen, für
etwas Besonderes halten könne.

Elise meint, weil ich nicht übel schriebe, so müßte
ich auch wol artig sprechen. Nichts weniger. Ich bin
ein erbärmlicher Sprecher. Meine Schrift fließt müh=
selig und langsam, in Prose und Versen. Nur ein
Bißchen gesunde Beurtheilungskraft und Geschmack
machen, daß es bisweilen leidlich wird, was ich schreibe.
Mein mündlicher Vortrag muß daher vollends schlecht
von Statten gehen. Die Gabe, geistreich, lebhaft und
witzig im Umgange zu unterhalten, mag ich vielleicht
überhaupt nicht, oder doch nur in meinen glücklichsten
seltensten Stunden, und auch da nur für Solche be=
sitzen, die mich sehr lieb haben, und gerade an meiner
Weise Gefallen finden. Manchen mag auch blos des=
wegen etwas als schön vorkommen, weil ich, der für
etwas Besonderes Gehaltene, es sage; ob es gleich
etwas sehr Armseliges ist. Ich könnte nun zwar wol

öfter und mehr mit manchem gesellschaftlichen Schwätzer und Spaßmacher wenigstens gleichen Schritt halten. Allein ich bin zu schüchtern und blöde, alle die leichte und blind gegriffene Münze auszuspenden, die gleichwol, wie ich an Andern täglich sehe, ohne Widerrede im gemeinem Handel und Wandel gilt. So oft ich mir auch desfalls Muth einzusprechen suche, so tritt mir doch gemeiniglich das Gewissen in den Weg. Aus Besorgniß, durch Zucken oder Stocken die Unvollkommenheit meiner Waare zu verrathen, schweige ich lieber ganz stille. Darüber mag mich wol schon Mancher und Manche für einen armen Schlucker gehalten, und sich gewundert haben, wie ein so langweiliger Mensch doch so leidliche Gedichte gemacht haben könne. Nun, an echter vollwichtiger Goldmünze des Geistes bin ich auch in der That kein Crösus, wiewol ich an gemeinem Klappergelde nicht eben ein Bettler bin.

Mein Charakter und meine Gesinnungen möchten zwar vielleicht noch etwas mehr werth sein, als meine Geistes = Talente. Dennoch fühle ich, daß ich mit jenen noch weit unzufriedener sein muß, als mit diesen. Denn so wie ich hier nicht nur erkenne, was zum besser und vollkommener sein gehört, so fühle ich auch gar wol die Möglichkeit, diese Vollkommenheit zu erreichen, wenn ich nur nicht von Trägheit, Weichlichkeit, Leichtsinn und Sinnenlust mich so oft abhalten ließe. Dies verursacht, daß ich auch in Ansehung dessen, worin ich vielleicht wirklich besser bin, als andere Menschen, dennoch nicht gar viel von mir selbst halten kann. Denn da ich zu wenig Herr meiner Neigungen bin, um mich von ihnen loszureißen, wenn es darauf ankommt, dem gerade gegen= über liegenden, von mir selbst erkannten, bewunderten und geliebten Guten nachzustreben: so muß ich wol mein wirkliches Gute nur für Product eines unter= stützenden Temperamentes halten. So glaube ich, zum Beispiel, nicht, daß ich grob, beleidigend, hämisch, bos= haft, zänkisch, unversöhnlich, rachgierig u. s. w. bin: aber warum bin ich's nicht? Etwa weil ich das Alles für unrecht, das Gegentheil aber für Pflicht halte? Ach das thue ich freilich: aber darum meide ich wol nicht jene Laster und übe die entgegengesetzten Tugenden aus; sondern vielleicht nur darum, weil mein träges und weichliches Temperament Ruhe und Frieden liebt. Wie manche meiner Tugenden mag aus Eigenliebe, Eitelkeit und Ruhmsucht entspringen!

An meiner Lebensweise und an meinen Sitten ist noch ungleich mehr auszusetzen. Ich bin kein guter Haushälter: nicht, daß ich etwa zur Verschwendung ge= neigt wäre; sondern weil ich ziemlich unordentlich, nach= lässig, träge und leichtsinnig bin, und weder meines Geldes, noch meiner übrigen Habseligkeiten sonderlich achte. Es läßt sich daher auch kein Mensch bequemer betrügen, als ich. Denn wenn ich den Betrug auch merke, so muß er schon arg kommen, ehe ich ihn nur

Ebeling, G. A. Bürger.   4

zur Sprache bringe, besonders auch darum, weil ich mich Niemanden gern unangenehm mache. In Essen, Trinken und vielen andern Gegenständen des Luxus kann ich mich, ohne daß es mir sauer wird, sehr sparsam behelfen. Etwas weniger vielleicht in der Kleidung, worin ich, wenn es sein kann, wol etwas mehr, als meines Gleichen, modernisire.

In dem, was die Kinder dieser Welt Artigkeit und feine Lebensart nennen, habe ich auch eben nicht viel gethan. Ich glaube, ich bin ziemlich trocken, hölzern und steif in meinen körperlichen sowol, als geistigen Be= wegungen. Durch so genannte Galanterie und Politesse bin ich schwerlich im Stande, mein Glück zu machen. Was ich vielleicht auch leisten könnte, den Menschen an= genehm und gefällig zu sein, das unterlasse ich doch, ent= weder aus Stolz, oder aus Nachlässigkeit und Trägheit. Des Stolzes, wie auch des Trotzes gegen fremden Stolz und Trotz ist mir überhaupt eine ziemliche Portion zu Theil geworden. Dies wäre indessen wol noch so übel nicht. Aber das ist übel, daß ich's aus Nachlässigkeit und Leichtsinn zum Beispiel oft an Antworten auf Briefe, an Besuchen, an Ehrenbeschickungen und Befolgung mancher Vorschriften der Etikette ermangeln lasse.

Was indessen Lebensweise und Sitten betrifft, so glaube ich, ein Weib, das ich liebte, könnte mich ohne sonderliche Schwierigkeit zu demjenigen machen, wozu sie mich nur immer gern hätte. Liebe würde meiner

mächtig sein, so viel ich nur meiner selbst mächtig bin,
und wol noch mehr. Ich weiß nicht, ob es mir zum
Lobe, oder zum Tadel gereichen mag, daß ich mich bei
einem geliebten Weibe kaum gegen Sclaverei aufrecht
erhalten würde; besonders wenn sie die Kunst zu herr=
schen verstände.

Uebrigens kann ich nicht bergen, daß man mich für
einen ziemlichen Libertin hält, und leider! nicht ganz
Unrecht hat. Doch ist es darum, weil ich bisweilen eine
unartige Zunge habe, bei weiten nicht so arg, als
Mancher glauben mag. Ich bin in diesem Punkte nicht
immer, und sonderlich in früheren Jahren nicht, ganz
regelmäßig, aber doch nicht auf eine niedrige und
schmutzige Art ausschweifend gewesen. Denn mit allen
meinen Gebrechen Leibes und der Seele war ich doch
jederzeit bei Weibern und Mädchen nur zu gut gelitten,
ohne erst mühseliger Anwerbungen zu bedürfen. Ich
fühle indessen, daß ich dem Weibe meiner Liebe ohne
sehr harte und dringende Versuchung nicht ungetreu
sein könnte. Ich weiß das aus der Erfahrung bei
dem einzigen weiblichen Geschöpfe, das ich vor
Elisen nur allein im höchsten und vollesten Verstande
des Wortes geliebt habe, wovon ich hernach reden
werde.

Was ich bisher, und leider! auch zu meinem Nach=
theil, von mir habe bekennen müssen, könnte vielleicht
noch nicht hindern, daß ein Weib, welches mich und
4 *

welches ich liebte, mit mir glücklich wäre. Allein nun=
mehr folgt das Bedenklichste.

Wenn ich auch noch so liebenswürdig von Geist,
Herz und Sitten wäre: so bin ich doch weder jung,
noch schön, noch in guten häuslichen Umständen. Meine
Jahre reichen völlig an das wol bewußte — Schwaben=
•Alter hinan. Von hundert jungen, hübschen, zwanzig=
jährigen Mädchen dürften leicht neun und neunzig die
Schultern davor zucken. Ob ich gleich an Gesicht und
Figur nicht eben eine Fratze zu sein glaube: so bin ich
doch wahrlich auch nie ein Adonis gewesen. Das Pro=
fil, das Elise kennt, soll, wie Viele behaupten, mir
ziemlich gleichen; wiewol Andere dies wieder leugnen.
Ich kann's nicht beurtheilen, weil ich nicht die Ehre
habe, mich im Profil zu kennen; indessen möchte ich doch
beinahe fürchten, daß man sich darnach leicht etwas
Hübscheres unter mir vorstellen könnte, `als ich wirklich
bin; etwas mehr Leben und Freundlichkeit allenfalls
ausgenommen. Meine kleinen Kränkeleien geben mir
oft ein weit hinfälligeres und abgeblaßtes Ansehen wie=
wol in den Zeiten, da ich mich gesunder und munterer
an Leib und Seele fühle, die Leute mich auch wol für
zehn Jahr jünger zu halten geneigt sind. Denn in der
That bin ich ursprünglich von sehr guter Constitution,
und stände vielleicht jetzt noch in eben der Blüte, in
welcher Andere zwischen zwanzig und dreißig stehen,
wenn ich nicht Geist und Körper mit so vielen und

langwierigen Widerwärtigkeiten hätte müde ringen müssen. Ich bin am ganzen Körper weit schmächtiger und magerer, als mein Gesicht vermuthen läßt. Ich habe dunkel= blondes Haar und blaue Augen. Von den letzten pflegten bisher Weiblein und Mägdlein, bei denen ich, Gott weiß warum, bis auf den heutigen Tag niemals übel gelitten gewesen bin, eben nicht nachtheilig zu ur= theilen. Ueberhaupt soll ich bis unter die Nase herab, selbst nach Maler=Urtheil nicht uneben gebildet, der Mund aber soll ganz verzweifelt häßlich sein. Das liebens= würdigste der Weiber pflegte zu sagen: „Bürger, es ist kein anderes Mittel, als man muß dich unaufhörlich küssen, damit man nur den häßlichen Mund nicht sehe, den du bisweilen wie ein wahrer Tropf hängen lassen kannst." — Sonderbar! Mir selbst kommt nun weder der Mund so excessiv häßlich, noch Nase, Stirn und Augen besonders schön vor.

Meine ökonomischen Umstände sind noch zur Zeit sehr schlecht. Ich habe nichts, — nichts! Ja, ich würde sagen müssen: noch weniger, als nichts; wenn ich nicht noch so viel an Grundstücken besäße, daß meine Schulden damit getilgt werden können. Wenn aber auch dies geschehen ist, so wird wenig oder nichts übrig bleiben. Ich hatte ein ganz artiges Vermögen. Allein bei einer sehr wenig einbringenden Beamtenstelle auf dem Lande, wobei ich gleichwol ziemlich viel Aufwand machen mußte, und bei einer unglücklichen Pachtung, ist mein Vermögen

drauf gegangen. Auch war meine erste Frau eine eben
so nachlässige Haushälterin, als ich selbst. Schon vor
fünf Jahren habe ich, durch unsäglichen Verdruß ge=
nöthigt, jene Beamtenstelle niedergelegt, und seitdem,
freilich eben nicht im Ueberflusse, aber doch auch nicht in
allzu drückenden Mangel, von meinem Kopfe gelebt.
Ich bin nun zwar in diesen Jahren nicht weiter zurück,
aber doch auch nicht vorwärts gekommen. Der Tod
eines mir abgeneigten angesehenen Mannes, der in ver=
wichenem Frühjahr sich ereignete, hat verursacht, daß ich
endlich hier als Professor angestellt worden bin. Wäre
dies, wie billig, eher geschehen: so befände ich mich wol
schon wieder in gedeihlichen Umständen. So aber er=
öffnet sich mir erst jetzt eine bessere Aussicht. Ich be=
komme zwar noch kein Gehalt, und muß vielleicht noch
ein paar Jahre darauf warten; jedoch läßt sich hier
durch Collegien=Lesen ein Ziemliches erwerben, und ich
schmeichle mir, auf dem Wege zum Beifalle zu sein.
Ich kann alsdann, wenn ich auch gleich noch keinen
Heller fixes Gehalt bekäme, auf eine jährliche Einnahme
rechnen, die auf's schlechteste nicht unter fünfhundert
Thaler herabsinken, sehr wohl und leicht aber bis über
tausend hinauf steigen kann. Wenn sich nun ein gutes
liebenswürdiges Weib, begabt mit etwas Vermögen und
häuslichen Wirthschaftstugenden, entschließen könnte, mich
armen Stümper zu heiraten: so ließen sich zwar wohl,
wenn ich leben und gesund bliebe, ganz leidliche Um=

stände für mich, und zwar ohne des Weibes Nachtheil,
erwarten. Aber wie wenn Kränklichkeit mich unthätig
machte, oder gar ein früher Tod mich hinnähme? Ach,
dann könnte das gute Weib vielleicht nicht einmal ihr
Zugebrachtes unverkürzt zurück, geschweige denn vollends
eine andere hinlängliche Versorgung erhalten. Einigen
Trost hiergegen giebt jedoch unsere sehr solide Professoren=
Wittwen=Casse, woraus sie sich sogleich eine jährliche
Pension von hundert und zehn Thalern, und sobald
sie in die Classe der sechs ältesten Wittwen gehörte, von
hundert und dreißig Thalern zu versprechen hätte, mit der
Freiheit, diese Pension zu verzehren, wo sie will. Gleiche
Pension genießen auch die elternlosen Waisen so lange,
bis das jüngste Kind das zwölfte Jahr erreicht hat.

Zu allen diesen bedenklichen Umständen kommt noch
der, daß ich nicht weniger als d r e i K i n d e r , eine
Tochter von elf, einen Sohn von sieben, und eine
Tochter von vier Jahren habe. Nun ließe sich zwar wol
eine Einrichtung treffen, daß eine Frau wenig oder gar
nicht davon belästigt würde. Denn meine älteste Tochter
wird hier in einer Pension, wo sie mir aber wol gegen
hundert und zwanzig Thaler jährlich kostet, erzogen; der
Sohn ist auswärts bei einer leiblichen sehr edeln
Schwester von mir, und die jüngste Tochter bei einer
Frauen=Schwester. Jedes Kind hat es da, wo es sich
befindet, sehr gut, und wird dergestalt geliebt, daß ich
Mühe haben würde, es loszureißen. Denn alle sind,

Gottlob! sehr gut geartete und liebenswürdige Kinder von Kopf und Herzen. Allein wenn ich wieder heiratete, so würde es mit darum geschehen, daß ich dadurch von dem Herzweh genäse, welches ich so oft über die Ab= wesenheit und Zerstreuung meiner lieben Küchlein empfinde. Ich würde sie dann wieder um mich ver= sammelt wissen wollen, theils um Kosten zu ersparen, theils um ihre Erziehung unter meinen Augen zu be= sorgen. Da ich aber diese Kinder alle außerordentlich lieb habe, und es bei mir sowol Temperament, als Grundsatz ist, daß man nie gütig und liebreich genug gegen seine Kinder sein könne: so würde es mich an meiner empfindlichsten Seite schmerzen, wenn sie es bei einer Stiefmutter hart und übel hätten. Nun könnte eine Stiefmutter, wäre sie gleich sonst ein gutes Weib, die Kinder vielleicht dennoch nicht lieben, blos weil sie nicht Kinder ihres eigenen Leibes wären. Ganz un= schuldiger Weise könnten sie ihr zuwider sein. Denn ich fühle, es könnte mir eben so gehen, wenn ich Stiefvater von manchen Kindern sein sollte, die ich unglücklicher Weise nicht leiden kann; und gleichwol brauchte ich mich deswegen nicht für schlechter zu halten, als ich wirklich bin. Dieses ist also ein höchst wichtiger Punkt, der aufmerksame Prüfung erfordert.

Nunmehr noch etwas von meiner vorigen Lebens= geschichte. Ich habe zwei Schwestern zu Weibern gehabt. Auf eine sonderbare Art, zu weitläufig hier zu

erzählen, kam ich dazu, die erste zu heiraten, ohne sie
zu lieben. Ja, schon als ich mit ihr vor den Altar trat,
trug ich den Zunder zu der glühendsten Leidenschaft für
die zweite, die damals noch ein Kind und kaum vierzehn
bis funfzehn Jahr alt war, in meinem Herzen. Ich
fühlte das wohl; allein aus ziemlicher Unbekanntschaft mit
mir selbst hielt ich es, ob ich's mir gleich nicht ganz ab=
leugnen konnte, höchstens für einen kleinen Fieberanfall,
der sich bald geben würde. Hätte ich nur einen halben
Blick in die grausame Zukunft thun können, so wäre es
Pflicht gewesen, selbst vor dem Altare vor dem Segens=
spruche noch zurück zu treten. Mein Fieber legte sich
nicht, sondern wurde durch eine Reihe von fast zehn
Jahren immer heftiger, immer unauslöschlicher. In eben
dem Maße, als ich liebte, wurde ich von der Höchstge=
liebten wieder geliebt. O, ich würde ein Buch schreiben
müssen, wenn ich die Martergeschichte dieser Jahre und
so viele der grausamsten Kämpfe zwischen Liebe und
Pflicht erzählen wollte. Wäre das mir angetraute Weib
ein Weib von gemeinem Schlage, wäre sie minder billig
und großmüthig gewesen (worin sie freilich von einiger
Herzens = Gleichgiltigkeit gegen mich unterstützt wurde):
so wäre ich zuverlässig längst zu Grunde gegangen,
und würde jetzt diese Zeilen nicht mehr schreiben können.
Was der Eigensinn weltlicher Gesetze nicht gestattet
haben würde, das glaubten drei Personen sich zu ihrer
allerseitigen Rettung vom Verderben selbst gestatten zu

dürfen. Die Angetraute entschloß sich, mein Weib öffentlich und vor der Welt nur zu heißen, und die Andere, in geheim es wirklich zu sein. Dies brachte nun zwar mehr Ruhe in Aller Herzen; aber es brachte auch eine andere höchst angst= und kummervolle Ver= legenheit zu Wege. —

Im Jahre 1784 starb meine erste Frau an der Aus= zehrung, die in ihrer Familie erblich war. Im Jahre 1785 heiratete ich öffentlich und förmlich die Einzige Höchstgefeierte meines Herzens; allein nach kurzem glück= seligen Besitze verlor ich auch sie am 9. Januar 1786 nach der Geburt der jüngsten Tochter an einem hektischen Fieber. Was ihr Besitz, was ihr Verlust mir war, das sagen meine Freuden= und Trauerlieder. Seit dieser Zeit lebte ich einsam und traurig mit sehnendem Herzen.

Kann Elisen der Mann noch reizen, der so vor ihr da steht? Noch habe ich, wie mir vorkommt, mir selbst eben nicht zum Vortheile geredet. Etwas ist indessen doch wol demjenigen erlaubt, zu seinem Besten zu sagen, der keinen seiner wichtigsten Fehler vorsätzlich verschwieg. Dem Weibe, das mich, so wie ich da bin, zu lieben vermag, und welches ich mit voller Freude wieder liebe, darf ich ein nicht unglückliches Leben versprechen. Ist es ihr süß, von mir geliebt, an meinem Busen gehegt und gepflegt zu werden, so wird es ihr nie an voller Genüge ermangeln. Denn wenn ich einmal echt und von Herzen liebe, so liebe ich gewiß unveränderlich, und keine Fülle des Genusses kann mich des geliebten Weibes satt und überdrüssig machen; so gemein auch die Bemerkung ist: der Genuß sei das Grab der Liebe. Nur Afterliebe, die den heiligen Namen nicht verdient, erkaltet im Bette der Ehe. Der wahren Liebe, meiner wahren Liebe, bleibt dies immer ein Brautbett. Auch das Weib, welches ich unglücklich genug wäre nach der unzertrennlichsten Verbindung nicht mehr zu lieben, darf wenigstens keine unedle und rauhe Begegnung von mir fürchten. Dies bezeuge mir noch in jener Welt die, mit welcher ich zehn Jahre ohne ein rohes unfreundliches Wort verlebte, ob ich sie gleich nicht liebte. Eher möchte ich vielleicht fähig sein, mit der Höchstgeliebten meines Herzens, doch nur über geargwohnten Mangel an ihrer Gegenliebe, zu hadern. Gott bewahre mich vor einem Weibe, das mich für meine Liebe nicht vollauf wieder liebt! Noch bin ich in diesem Falle zwar nicht gewesen: aber mich däucht, es würde von allen möglichen der schlimmste sein. Leicht könnte ich dann der unerträglichste Mensch werden. Denn es kommt mir vor, als sei ich großer Eifersucht fähig. Freilich nicht, nach gemeiner Männer Weise zum Hüten und Auskundschaften der Schritte und Tritte meines Weibes; nicht zur Einschränkung ihrer Freiheit in irgend einer Art des Umganges: aber heimliche Verzweiflung würde mein Herz zerfleischen, und in der grausenden Gestalt eines Höllen-Verdammten würde ich vor ihrem Angesichte umherschleichen.

Nun, Elise, prüfen Sie sich und mich! Erkundigen
Sie sich, wo möglich, nach mir und meinen Umständen
auch bei Andern. Doch glauben Sie eher nichts, als
bis ich's Ihnen selbst bestätigt habe. Denn obgleich
kaum irgend Jemand mich schlimmer schildern wird, als
ich selbst gethan habe: so könnte mich doch wol ein
Anderer minder wahr schildern, als ich, der ich mich
selbst am besten kenne, zu thun im Stande bin.

Sie haben eine Mutter, und, wie mir versichert
worden ist, eine rechtschaffene und kluge Mutter. Wenn
Ihnen je in ihrem Leben der Rath einer solchen Mutter
theuer und werth war, so lassen Sie sich's in diesem
Falle doppelt angelegen sein, auf ihre Stimme zu horchen.
Sie wird vermuthlich diese Darlegung mit einem offneren
und unbefangeren Sinne, als Sie, liebe süße Schwär=
merin, aufnehmen, und der Rath des Mutter=Kopfes
wird vermuthlich zuverlässiger sein, als der Rath des
Tochter=Herzens. Findet die Mutter, daß der Mann,
der sich mit dem Pinsel der Wahrheit hier selbst ge=
schildert hat, ohne mit Wissen und Willen irgend einen
Flecken, worauf etwas ankommen kann, auszulassen,
dennoch wol ein guter Mann für ihre Tochter sein
könne: nun — so überlassen Sie sich dem vollen Zuge
Ihres Herzens.

Doch nein! auch alsdann noch nicht eher, als bis
Sie mich selbst gesehen haben. Meinen Sie, nach wieder=
holter und abermals wiederholter Prüfung dieser Beichte,

daß ich, trotz Allem, was an mir auszusetzen ist, dennoch
der Mann Ihres Herzens sein könne, wenn anders
mein Körperliches Ihnen nicht ganz und gar zuwider
sein sollte; und Sie sagen mir dieses redlich, offenherzig
und unbefangen: so will ich ganz in der Stille, uner=
kannt und unter fremdem Namen, um weder Sie, noch
mich selbst vor der Welt bloß zu stellen, zu Ihnen nach
Stuttgart kommen. Auch ich selbst muß Sie erst sehen,
wie Sie leiden und leben, und ob Sie diejenige wirklich
sind, die ich im Geist freilich schon längst mit hoher
Liebe umfasse. Geist, Herz, Charakter, Lebensart, Sitten,
Stand, Ehre, Vermögen, sind zwar wichtige Ingredienzen
zu einer glücklichen Ehe; allein sie machen es doch nicht
immer und ganz allein aus. Wir sind insgesammt sinn=
liche Menschen, und auch die Sinnlichkeit will ihr Recht
haben. Unsere Sinne müssen ein wechselseitiges Be=
hagen an einander finden, welches sich nicht gerade
nach Jugend und Schönheit, sondern oft nach einem
unerklärlichen Etwas richtet, daß sich weder malen, noch
schreiben, sondern allein im Innersten fühlen läßt.
Dieses Etwas läßt sich weder geben, noch nehmen.

Nach diesen Vorbereitungen wird es sich in der
ersten Stunde unserer persönlichen Zusammenkunft aus=
weisen, ob wir das Publicum mit der allersonderbarsten
Heiraths=Geschichte zu amüsiren, zu unserm eigenen noch
größeren Amüsement zu amüsiren im Stande sind,
oder nicht.

Elife, Elife! ich schließe mit einer theuern, feierlichen
Beschwörung. Bei dem ewigen Gotte, bei Ihrem eigenen
Wohl und Weh, und bei dem Wohl und Weh eines
Mannes, der nicht redlicher um das Ihrige besorgt sein
kann, als er ist, beschwöre ich Sie: Wählen Sie mich
nicht zu Ihrem Gatten, wofern Sie nicht bei sich fühlen,
daß Sie sich mit voller Liebe in meine Arme werfen
können. Ich schwöre Ihnen, in Ansehung Ihrer eben
dasselbe zu beobachten.

Und so hoffe ich freudig, der Allbarmherzige werde
unsern Bund, wenn er zu Stande kommt, mit seinem
Segen krönen."

Elife beharrte bei dem einmal kund gethanen Vor=
satze, sie forderte ihn auf persönlich um ihre Hand zu
werben, und so reiste er denn im strengsten Incognito, Ostern
1790 nach Stuttgart, um seine Braut aus mütterlicher
Hand zu empfangen. Nach Elifens Aufzeichnungen
hatte Frau Hahn zwar, wie schmeichelhaft ihr sonst die
Verbindung erschien, mancherlei Vorstellungen dagegen
erhoben. Die Uebernahme von drei Kindern dünkte sie
für ein so junges, unerfahrenes und lebenslustiges
Mädchen eine zu schwere Bürde. Gleich in der
ersten Stunde der persönlichen Vorstellung Bürger's
wollte sie in dem innern und äußern Wesen Beider
disparate, unversöhnliche Gegensätze wahrnehmen. Und
das Mutterauge täuschte sich in keiner Hinsicht.
Allein nicht gewohnt der Tochter hartnäckig ent=

gegen zu streben ertheilte sie die förmlich begehrte Einwilligung.

Ich schalte hier einen Brief ein, datirt aus Giebolds= hausen vom 22. April 1790, nicht weil er des Dichters gehobene, heitere Stimmung verräth, denn wie hätte sie bei der ihm verheißungsreichen Zukunft anders sein können, sondern weil er abermals, schonend ausgedrückt, auf eine für Elisens Vertheidigung keineswegs gleich= giltige Schwäche in der Subjectivität Bürger's hinweist.

„Ich muß Dir" — heißt es dort — „wiewol für jetzt nur kurz sagen, daß mir ein junges zwanzigjähriges, sehr hübsches, an Geist und Charakter vortreffliches Schwabenmädchen, nicht ohne Vermögen, und über = dies mit sehr wahrscheinlichen Aussichten zu ansehnlichen Erbschaften, einen Ring an den Finger practicirt hat. Das Mägdlein heißt Maria Christiane Elisabeth Hahn und wohnt in Stuttgart, von wannen ich sie künftige Michaelis heimholen werde. Diese ganze Heiratsgeschichte ist so romanhaft und originell, daß sie gewiß seit Adam die erste in ihrer Art ist. Das Mädel hat sich aus meinen Gedichten bis über die Ohren in mich verliebt. In einer lustigen Gesellschaft wird sie damit aufgezogen. Scherzweise macht sie ein Gedicht, worin sie förmlich um mich an= hält. Es ist aber natürlicherweise kein Gedanke daran, daß das Gedicht gedruckt werden und in meine Hände gelangen soll. Gleichwol geschieht dies ohne ihr Wissen

und Willen durch Jemanden, der eine Abschrift
dieses Gedichts zu erhaschen weiß. Ich fange
diesen Winter hindurch an, mich nach Namen und
übrigen Umständen der Verfasserin zu erkundigen. Alle
Nachrichten lauten sehr vortheilhaft. Ich gerathe durch
ein poetisches Gegencompliment endlich selbst mit ihr in
Briefwechsel, erhalte ihr Portrait, stimme den an-
fänglichen Scherz nach und nach in Ernst um,
gebe ihr eine umständliche und getreue Schilderung
meiner innern sowol als äußern Umstände, reise endlich
selbst in diesen Osterferien nach Stuttgart, und die
Sache ist richtig. Unmöglich ist mir's jetzt, die höchst
sonderbaren Fügungen bei der ganzen Geschichte aus-
einander zu setzen, wodurch sie ein solches Ansehen gewinnt, daß entweder eine höhere, unsichtbar leitende Hand
im Spiel sein muß, oder wahrlich, es giebt allüberall
eine solche Hand nicht. Denn z. B. hätte ich, wie
ich Anfangs vorhatte, meine Absicht nur um
einen Posttag verspätet, so wäre wahrscheinlich aus der Sache nichts geworden, denn da
lief ein Brief ein, der meiner Kinder wegen
nichts Geringeres als einen zierlichen und
manierlichen Korb enthielt. Diesen Brief wartete
ich nicht ab. Es mußte sich fügen, daß einer meiner
Schwäbischen Collegen, mit dem ich reisen wollte, wider
Vermuthen eher abreisen mußte. Ich wollte durchaus noch
nicht mit; er ließ aber nicht nach, bis er mich gleichsam

bei den Ohren mit in den Wagen geschleppt hatte. Meine persönliche Gegenwart und die den spindelbeinigen Apoll umstrahlende Lieblichkeit gab der Sache nun eine ganz andere Wendung. Kurz, ich bin mit meinem Lieb= chen öffentlich und förmlich verlobt. Ihr Vater war Expeditionsrath und ist todt. Sie hat nur noch eine Mutter, die von ihren Renten lebt, und einen Bruder der würtembergischer Officier ist. Kurz, ich schmeichle mir, das Mägdlein soll Euern ganzen Beifall gewinnen, denn sie darf sich sowol im Körperlichen als Geistigen und Moralischen vor Meister und Gesellen sehen lassen."

Die hier gesperrten Stellen enthalten theils keines Beweises mehr bedürfende Täuschungen, theils positive Unwahrheiten. Niemals haben Elise und deren Mutter ihm irgendwelche Aussicht auf Erbschaften, wie sie von ihm allgemein gemeint sein können, eröffnet, weil sie schlechter= dings nicht vorhanden waren; und aus allen vorliegen= den handschriftlichen Nachrichten geht auf's Ueberzeugendste hervor, daß erstere keinen Augenblick an einen Absage= brief gedacht hat. Frau Hahn, eine streng rechtliche und offenherzige Matrone, rückte ihm selber blos die schon ihrer Tochter vorgehaltenen Bedenken in Betreff der Erziehung von drei Kindern Seitens eines so jungen Mädchens vor, das sich eher um alles Andere in der Welt als diese schwierige Aufgabe bekümmert hätte, frei heraus zusetzend, sie wenigstens würde dieser Umstand noch im letzten Augen= blicke zum Rücktritte bestimmt haben. Beseitigung dieser

Ebeling, G. A. Bürger.　　　　5

Bedenken waren die einzigen von Bürger zu überwin=
denden und alsbald um so leichter überwundenen
Schwierigkeiten, als Elise, bar jedweder Rechenschaft über
die Tragweite ihr sofort aufzuerlegender Pflichten, durch
den Aufwand seiner persönlichen Liebenswürdigkeit in
den umgarnendsten Rausch versetzt, jede nüchterne Be=
sprechung als beleidigenden Pedantismus des Alters,
als Etwas, was sich schon von selbst finden werde, be=
seitigt wissen wollte.

Wie Bürger auf solche Täuschungen und Unwahr=
heiten gerieth, davon weiter unten.

Für seine gehobene, heitere Stimmung spricht übrigens
auch folgendes an Freiherrn Clodwig Heyno von
Münchhausen auf Swedestorp gerichtete und in keiner
der Ausgabe seiner Werke vorhandene Sonett, als er
diesem unter Beischluß einer Abschrift der liebewerben=
den Verse Elisens einen versprochenen Besuch absagte.

Junger Leu! zu meiner Ehre Frommen
Schau das beigereichte Herzgedicht.
Brumm' und schilt nicht eh' und richte nicht,
Bis Du Hinderniß und Anstoß erst vernommen.

Sage selbst, sag', kann ich nun wol kommen,
Da Cythere mir dies Netzchen flicht,
Und mit diesem neuen Sonnenlicht
Mir ein frischer Sommer ist erglommen?

Horch, was dieses einz'ge Blättchen spricht!
Und hast Du die Liebe je verstanden,
Gieb Geduld und hemme Dein Gericht.

Neuer Neigung wirre Wogen branden,
Und mein Boot — ob Steu'r und Mast auch bricht —,
Edler Leu, muß — vor in Schwaben landen.

Göttingen, Grüner Donnerstag 1790.

Im October (1790) ward denn das seltsame Paar
kirchlich verbunden. Trübe schaute die Mutter in des
Hochtages Fröhlichkeit. „Wenn," versetzte sie, ihrem
gepreßten Herzen einmal Luft machend, der hudelnden
Frau Ehrmann vor allen versammelten Gästen — „wenn
diese Heirat übel ausschlägt, so haben S i e es zu ver=
antworten, denn S i e haben das Ganze angestiftet!"

5*

II.

Zerfall dieser Ehe.

Begreiflicherweise waren die gesammte Göttinger Zopfgilde wie auch Alle, die über derselben standen, ungemein begierig die in so eigener Schickung erworbene Gattin kennen zu lernen, „und ihr Erscheinen entsprach dem Rufe, der ihr voranging," muß sogar einer der mißgünstigsten Zeitgenossen bekennen. In Wahrheit: ihre Schönheit gestattete beinahe keinen Vergleich; Antlitz und Leib strahlten einen schier untilgbaren Zauber aus. Einigermaßen nur empfängliche Sinne konnten sich ihr kaum nahen ohne unwiderstehlich hingerissen zu werden. Noch in ihrem vierzigsten Jahre schlugen ihr die Herzen junger Männer ungestüm entgegen, zumal wenn die Musik ihrer herrlichen Sprache erklang. Ihr bloser wiederholter Anblick wirkte heilkräftig auf den jahrelangen Irrsinn eines alten böhmischen Edelmannes. Die Götter schienen ihr ewige Jugend verliehen und die Reize einer Circe und Vestalin in ihrem Gürtel vereint zu haben. Dazu gesellte sich eine Liebenswürdigkeit und Versatilität des Umgangs, eine so imponirende Bildung und graziöse Entschiedenheit, daß sie die größte Sensation in Göttingen erregte.

Neidisch blickte mancher Mann auf Bürger, beschämt mancher Professor auf die eigene Gattin. Von Einigen aber ward ihm Bemitleidung statt Scheelsucht. Welch' eine Eroberung! meinte Jemand zu Kästner; welch' eine Niederlage! erwiderte er weitersehend augenblicklich. Als Lichtenberg, dem scharfsichtigen Menschenkenner, Bürger's Ankunft mit seiner jungen Frau angezeigt und diese beschrieben ward, sagte er: Gut, ich werde condoliren. Einige Wochen später deshalb gehechelt antwortete er blos: Sero Jupiter diphtheram inspexit. Wie bald sollte dies Wort in Erfüllung gehen! Als er mit seiner neuen Anvermählten nach Göttingen zurückgekommen war, erzählt Carl Ludwig von Woltmann, trat einer seiner jüngsten und redlichsten Freunde unwillkürlich vor ihrem hinreißenden Eindrucke zurück. Gewiß erkannte dieser instinctmäßig das Unglück einer solchen Heterogenität.

Noch im Januar (1791) zeigte sich kein Stürme weissagendes Wölkchen am ehelichen Horizont und Elise gefiel sich in den neuen Kreisen. „Ich bin ganz gern hier" — schrieb sie am 18. d. M. —, „die Stadt ist hübsch, die Leute klug, und viele auch gut. Ich gelte hier ein paar Batzen mehr als in Stuttgart, werde par Exemple für sehr gescheidt gehalten u. s. w. Aber Dank

sei es meiner Selbsterkenntniß, die mich allstündlich
daran erinnert, was im Ernste von mir zu halten ist,
und mich vor Eitelkeit bewahrt! Deswegen schwindelt
mein Köpfchen noch nicht." Bald jedoch vermehrten
und verstärkten sich kleine Zwistigkeiten, und an ihrem
zweiten Geburtstage seit der Vermählung überraschte sie
der Gatte weder mit einem poetischen Glückwunsche noch
Geschenk, sondern mit folgendem schwere Wetter an=
drohenden Briefe:

„Deinen Geburtstag, mein liebes Kind, habe ich
nicht vergessen, wenn ich ihn gleich nicht mit Banketten
bei Trompeten und Pauken, nicht mit stattlichen Ge=
schenken, auch nicht einmal mit Versen feiere. Bankette
mit und ohne Trompeten und Pauken ziemen unserer
Lage, ziemen unsern Umständen nicht. Ein kleines
Geschenk, wie es die Armuth zu geben vermag, hätte ich
wol darbringen mögen, wenn ich nur gewußt hätte, was
Dir etwa angenehm sein könnte. Erführe ich dies, so
könnte ja noch Rath werden. Aber nicht einmal Verse?
Ach nein! Eher waren noch Bankette mit Trompeten
und Pauken, eher stattliche Geschenke möglich, als Verse
aus einem Geiste und Herzen, deren Schwungkräfte von
so manchem und manchem Steine niedergedrückt werden.
Ich habe also Deinen Geburtstag mit Gebet und
Thränen zum höchsten Regierer aller Dinge begonnen;
mit Gebet und Thränen, daß er Dich nicht nur willig
und bereit, sondern auch thätig machen und erhalten

wolle, jene Steine von meinem Geiste und Herzen zu unserm beiderseitigen Wohlsein abzuwälzen. Würde dieses Gebet von Gott und von Dir mit Erhörung gekrönt, o so würde meine Feier mit den besten Geburtstagsfeiern um den Vorzug wetteifern. — Für heute will ich nichts mehr hinzufügen. Ich wünschte nun aber wol einmal ein Stündchen, da Du mir ein offenes und ruhiges Ohr, einen offenen und ruhigen Geist, ein offenes und ruhiges Herz verleihen könntest, welchen aber auch ein unwandelbarer guter Wille und Thatkraft mit nimmer auszuleerendem Köcher nachtreten müßten. Da wir nun einmal bestimmt sind, mit einander zu leben, o so laß' uns auch für einander leben!"

Bürger beschuldigte sie, ihm die erwünschte Gelegen= heit zu Herzensausschüttungen entzogen zu haben, weil, wie er argwöhnte, sie nur für ihren „Hauptbuhlen," einem damals täglich im Hause anwesenden jungen Grafen aus der Nachbarschaft, Gedanken gehabt, und so ent= luden sich denn die zum Orkane angesammelten Stürme seines Innern in einer langen, langen Epistel an sie vom 29. November (1791).

Unter Weglassung der einem auf's Aeußerste grim= migen und nach völligster Zornesentladung gierigen Manne sehr natürlichen Wiederholungen, verschiedener bagatellmäßiger Umständlichkeiten und kleinlichster, den Aufzähler wahrlich nicht zierender Particularitäten des häuslichen Lebens, möge diese Epistel entblättert werden.

Genug ist davon geblieben, Elise als eine der Verächt=
lichsten ihres Geschlechts zu charakterisiren.

„Es hat," beginnt er, „wie ich mit tiefem Kummer
wahrnehme, auch nicht den mindesten Eindruck auf Dich
gemacht, was ich Dir neulich an Deinem Geburtstage
schriftlich zu verstehen gab. Ich klagte über Steine, die
meinen Geist und mein Herz niederdrückten. Ich sprach
von thränenvollen Gebeten zum Himmel, daß er Dich
willig und thätig machen wolle, diese Steine von mir
abzuwälzen. Ich wünschte mir eine ruhige Unterredung
mit Dir, um zu unserm beiderseitigen Wohlsein mein
Herz ganz ausschütten zu können.

Wäre mir oder irgend Jemanden, der nicht ganz
und gar gefühllos oder im allerhöchsten Grade leicht=
sinnig ist, so etwas von einer Person zu verstehen ge=
geben worden, der ich hohe und heilige Pflichten schuldig
bin; wäre mir's vollends so zu verstehen gegeben wor=
den, daß ich nothwendig mich für die Ursache jener Be=
schwerden ansehen müßte: o so würde ich keine ruhige
Stunde haben verleben können, bis ich alles gewußt,
und mich entweder entschuldigt, oder zur Abstellung des
Drucks auf das ernstlichste anheischig gemacht hätte. Von
allen dem hat sich nun seit mehrern Tagen nicht das
Mindeste bei Dir geäußert. Es sieht Deinen beispiel=
losen Leichtsinn ganz und gar nicht an, ob ich aufge=
räumt, oder versunken in traurigem Ernste vor Dir er=
scheine. Es fällt Dir nicht ein zu fragen: Lieber, was

fehlt Dir? Was mißfällt Dir an mir? Wie soll ich es
machen, daß Du zufriedener und vergnügter werdest?
— Von allem, was nur irgend eine rechtschaffene und
gute Frau ihrem Manne unter solchen Umständen gewiß
sagen und thun würde, kommt Dir schlechterdings nichts
in den Sinn. Und doch dächte ich wäre der Mann ja
wol nicht von Bären=Natur; und dürfte sich einer liebe=
vollern Bekümmerniß um ihn wol werth halten. Dein
Leichtsinn spielt Tag für Tag lustig und guter Dinge
sein frivoles Spiel fort, ohne sich durch den schwer=
müthigen Mann irre machen zu lassen.

Nun wolan denn! Wenn Du keinen Sinn für die
stille Sprache meines Kummers hast, so muß ich laut
und deutlich durch Worte mir Dir reden, zum einzigen
und letzten Versuch, ob es denn ganz und gar nicht
möglich sei, Dich weise zu machen, und zu Beobachtung
solcher Pflichten zurückzuführen, die Dir allein meine
Werthschätzung erwerben und in dieser Werthschätzung
meine fast ausgelöschte Liebe wieder anfachen und lebendig
erhalten können.

Wisse denn, daß Dein Lebenswandel ein Gegenstand
der allgemeinen Mißbilligung des ganzen hiesigen Publi=
cums ist, und zwar nicht blos des Widriggesinnten, son=
dern auch, ja noch mehr desjenigen, welches uns gewiß
nicht übel will. So unangehm es nun schon jedem
rechtschaffenen Manne sein muß, in seiner Frau das Ziel
des allgemeinen Tadels zu erblicken: so ist es doch un=

endlich kränkender, gestehen zu müssen, daß leider! das
Publicum in den meisten Stücken Recht habe. Denn in
der ganzen Stadt giebt es keine Frau, so reich und angesehen sie auch immer sein mag, welche die Pflichten
der Hausfrau, der Mutter, der Gattin schlechter erfüllte,
als Du. Siehe, ich will Dir einen Spiegel vorhalten,
worin Du Dich und Deinen Wandel in wahrer Gestalt
erblicken sollst. Und wenn, wie allerdings zu befürchten
ist, Dein heilloser seelenverderblicher Dünkel Dich be-
reden sollte, diese Gestalt gleiche Dir nicht: so nimm
den Spiegel und gehe Haus bei Haus, zu Feind und
Freund, und frage: Ihr Leute, ich beschwöre euch bei
Gott und der Wahrheit, sagt mir, ob ich getroffen bin?
und wenn eine einzige vernünftige und rechtschaffene
Seele, die Dich und Deine Lebensweise kennt, Nein
sagt, so möge der Werkmeister des Spiegels öffentlich
von dem Pöbel mit Koth beworfen werden.

Laß uns 1) Dich als Hausfrau betrachten, laß uns
Deinen täglichen Lebenslauf untersuchen und sehen, ob
Du etwas, und wie viel Du thust, was wahre Achtung
und mithin auch Liebe verdient.

Des Morgens stehst Du selten vor 9 öfters kaum
erst um 10 Uhr aus dem Bette auf. Was geschieht hernach in den wenigen Stunden bis zur Tischzeit? Du
nimmst das Frühstück, ziehst Dich an und — treibst Frivolitäten. Denn sage: Ob ein großer Theil Deiner
Correspondenz, der Dir so viele Zeit wegnimmt, etwas

anders als Frivolität ist? — Hernach setzest Du Dich an den Tisch, und nimmst eine Mahlzeit ein, an deren Zubereitung Du nicht den mindesten weitern Antheil genommen, als daß Du das Geld dazu ausgezahlt hast, das ich, oder andere gutwillige Narren Dir gegeben haben, die sich für so vieles Geld einen sehr kärglichen Tisch gefallen lassen. Was kannst Du Dich rühmen nach Tische bis um 5 Uhr nützliches zu thun? Was außer Deinen Lappalien Briefen an Hans und Kunz und Greten, oder was außer der Zubereitung Deines Putzes, worin Du Visiten empfangen und geben, worin Du in Concerten, Assembleen und Pickenicken glänzen willst? Denn beiläufig, Visiten nehmen und geben, Concerte, Assembleen und Pickenicke besuchen, treibst Du so unaus= gesetzt und regelmäßig als nur irgend ein gewissenhafter Professor seine Lehrstunden abwarten mag. Damit werden denn nun die Stunden von 5 bis 8 Uhr aus= gefüllt. Um 8 Uhr setzest Du Dich wieder wie Mittags zu Tische, und alsdann wird der so würdig vollbrachte Tag mit einer angenehmen Ruhe beschlossen. Wenn man einen täglichen Lebenslauf so in einem Roman oder in einer Comödie geschildert fände, so würde man die Schilderung für übertrieben halten. Aber dennoch ist hier leider! das Urbild in der Natur.

Am 21. dieses (denn Du mußt wissen, daß ich Dein Thun und Lassen mit meinem Tagebuch belegen kann) traf ich Dich des Morgens nach 10 Uhr noch im Bette

an. Meiner Verwunderung kamst Du mit vorgeblichen
Mißbefinden und einer gar elend hingebrachten Nacht
entgegen. Mittags bei Tische ächztest Du mit kindischen
Geberden. Abends warest Du lustig und fröhlich in
großer Theegesellschaft, und nach Tische wälztest Du
Dich beim Blinde-Kuhspiel mit unsern Tischgenossen, die
Du gleichsam dazu aufzerrtest, bis nach 11 Uhr, da ich
mich schon weg und zu Bette geschlichen hatte, herum.

Daß ein solches Leben nicht das Leben einer guten
Hausfrau sein könne, das leidet wol nicht den mindesten
Zweifel. Einer guten Hausfrau gebührt es durch die
ganze Welt auf Küche, Keller, Vorrathskammer, kurz
auf alles zu achten, was sie im Hause hat, damit sowol die Consumtibilien gehörig zu Rath gehalten, als
auch andere Sachen so lange erhalten werden, wie
möglich. Es liegt der Hausfrau nicht sowol ob, Geld
zu erwerben, als vielmehr des vom Manne erworbenen
Geldes in allen auch noch so geringfügigen Stücken
möglichst zu schonen. Zu dem Ende geht nicht leicht ein
Tag hin, da sie sich nicht fast überall im ganzen Hause,
zum mindesten in der Küche, Speise- und Vorrathskammer mehr als einmal sehen ließe. Sie läßt keineswegs das Gesinde für sich und allein schalten, sondern
geht dem Gesinde überall nach, und sieht auf alle sein
Thun und Lassen. Es giebt sehr reiche und vornehme
Hausfrauen, die dieses befolgen, und werden deswegen
von der ganzen vernünftigen Welt nur desto höher ge-

achtet. Du aber, wie oft bist Du seit dreizehn Monaten
Deines Hierseins, in Küche, Speise= und Vorraths=
kammer, und in der Gesindestube gewesen? Mein Leben
will ich verloren haben, wenn dreizehnmale heraus=
kommen, da doch wahrlich noch dreizehnmal dreizehnmale
nicht hinreichend sein würden. Die schönen Früchte dieser
enormen Nachlässigkeit liegen nunmehr am Tage, und
die ganze Welt schlägt dabei die Hände überm Kopfe
zusammen. Trotz einer Einnahme von gewiß weit mehr
als 1200 Thlr., wovon ich ungefähr 300 Thlr. voriger
Schulden abgetragen habe, und das übrige im Haus=
halt aufgegangen ist, sind doch noch leicht aus diesem
verwichenen Jahr noch einige hundert Thaler Schulden
zu bezahlen übrig. Wenn ich mir die Mühe geben will,
alles gegen einander zu rechnen, so bin ich gewiß, daß
zum allermindesten 1000 Thlr. darauf gegangen sind.
So gewiß, als ich selig zu werden wünsche, bin ich
überzeugt, daß bei einer rechtlichen ihren Pflichten ge=
treue Hausfrau wenig über die Hälfte drauf gegangen
sein würde. Aber wie konnte es anders kommen, da
lüderliche Mägde das Hausregiment führten? Da keine
Hausfrau sich unter ihnen sehen ließ? da sie Tag und
Nacht nach Belieben wirthschaften, schlampampen, Kerle
tractiren und mit ihnen ganze Nächte durchfressen, durch=
saufen und durchhuren konnten nach Herzenslust? Wie
konnte es anders kommen, da Mägde sogar zwischen durch
die Einkaufskasse führten und wenn das Geld alle war

nur frisches fordern durften? Wie konnte es anders kommen, da alles vernünftige und bescheidene Warnen gegen das blinde Vertrauen auf Mägde schlechterdings in den Wind geschah? Wie konnte es anders kommen bei den öftern und zahlreichen Gesellschaften von zwanzig und dreißig Personen, welche die Hausfrau nach eigenen Belieben einlud? Wie anders bei den unzähligen kleinen Zusammenkünften, wenn auch weiter nichts als Thee, Butterbrot, oder Zwieback gegeben wurde? — Etwas, dessen sich in der ganzen Welt auch die Damen vom besten Weltton nicht schämen, habe ich Dich nie thun sehn, z. B. Thee= und Kaffeezeug spülen, dieses nur meist mit eigenen Händen handhaben, nicht aber den rohen Fäusten der Mägde über= lassen, nur damit es in gutem Stande erhalten werde. Wie oft habe ich die wackersten Damen sich hiermit nach geendigtem Trinken, wo nicht selbst noch in der Gesell= schaft, doch unausbleiblich nachher beschäftigen, sich Wasser bringen lassen, das Geschirr ausspülen, ab= trocknen und wegsetzen sehen. Auf diese Art ist denn aber auch etwas, was im ersten Ehejahre angeschafft ist, oft noch im dreißigsten unversehrt vorhanden. Nie aber sah ich noch dergleichen das von Dir. In Mägdefäusten muß alles herumfahren. Es sieht aber auch darnach aus.

So schlecht Du nach dem allgemeinen und leider! gegründeten Urtheil der Stadt die Rolle der Hausfrau spielst, so schlecht spielest Du auch nach dem Urtheil eben derselben 2) die Rolle der Mutter. Ach! Ich

wünschte einst so herzlich die Zeit herbei, da Du ein
Kind auf dem Schooße haben könntest. Ich Thor wähnte
ja, wenn auch sonst über nichts, dennoch über einem
Kinde könnte eine zwar leichtsinnige aber doch sonst gut
geartete Mutter, wofür ich Dich hielt, an mancher Fri=
volität den Geschmack verlieren, und eine stille vernünftige
Häuslichkeit lieb gewinnen lernen. Aber wie sehr habe
ich mich betrogen! Mit tief, tieffressenden Kummer nehme
ich wahr, daß Dir fast alle wahre ächte Mütterlichkeit
fehlt. Nichts, nichts hast Du für den armen verwahr=
losten Agathon, als jene elende vornehme Weiberweise
aus der entarteten Welt, die höchstens einmal von Zeit
zu Zeit ein Paar Minuten mit dem Kinde tändelt, aber
übrigens auch nicht die mindeste Ungemächlichkeit seinet=
wegen zu dulden im Stande ist. Großer Gott! Was
habe ich nicht oft andere, so gut wie Du Gemächlichkeit
und Vergnügungen liebende Mütter ihren Kindern auf=
opfern sehn! Dir aber darf das Kind ja nicht die mindeste
Beschwerde machen, Dir darf es an Deinen hundert Fri=
volitäten nicht den mindesten Abbruch thun. Selbst gute
und billige Personen, die Dir alle Deine übrigen Thor=
heiten zu übersehen geneigt sind, können Dir doch das
nicht verzeihen, daß Du Dein erstes und einziges Kind
so Deiner unerhörten Eitelkeit, so Deinem übermäßigen
Hange zu schwärmenden und lärmenden Vergnügungen
aufzuopfern im Stande warst. Ein Kind, was bis jetzt
ganz allein von der Milch einer gesunden und starken

Mutter hätte genährt werden, und dabei auf das beste hätte gedeihen können, das sollte sich schon wenige Wochen nach seiner Geburt an Kleister gewöhnen, da= mit die üppige Mutter nur seiner bald los werden, und desto ungehinderter sich auf dem Triumphplatze wilder Vergnügungen herum wälzen könnte. Daß Dir die Milch darüber vor der Zeit vergehen müßte, das war wol kein Wunder. Ha! warum sagtest Du mir denn nicht früher, daß Du Deinem Kinde auch nicht einen elenden Walzer aufopfern könntest? Bei andern Müttern ist es oft nöthig sie gleichsam mit Gewalt zu Beobachtung der Pflichten gegen sich selbst zu nöthigen, wenn mütterliche Zärtlichkeit sie über die Schranken hinausreißt. Und das ist Mutternatur, selbst in ihren Ausschweifungen noch herzrührend und ehrwürdig! Von Dir aber besitze ich einen merkwürdigen Brief, worin mit sophistischer Spitz= findigkeit die Mutterpflichten und die Selbstpflichten gar pünktlich abgewogen werden. Und wie soll man das nennen? Etwa Mutterkunst? O Kunst und hättest du auch noch so haargenau gemessen und gewogen, mein Herz versagt dir dennoch alle Achtung.

Auch in Rücksicht auf Deine Stieftochter spielst Du, trotz aller läppischen Zärtlichkeit zwischen euch beiden, Deine Mutterrolle so, daß ich die traurigsten Folgen vorahnden muß. Was soll aus einem jungen 14jäh= rigen Mädchen werden, das an Dir ein solches Vor= bild hat?

3) Wie beträgst Du Dich endlich in der That sowol als nach dem Urtheile des Publici als Gattin? Was für Erleichterung meines mühseligen Lebens habe ich von Dir? Worin richtest Du Dich nach meinen Wünschen, wenn sie nicht gerade auch die Deinigen sind? Wie nimmst Du meine Erinnerungen über das auf, was mir etwa mißfällt? Giebt es eine dünkelhaftere, superklugere, eigenliebigere, prätensionsvollere Haberecht, als Dich? Und das wahrlich selbst in Sachen, worin mich vielleicht ganz Deutschland zum competenten Richter annehmen würde. — Eben deswegen und weil das selbst am aller= grünsten Holze geschieht, muß ich beim etwas dürren mein Mißvergnügen gewöhnlich in mich verschließen, und mir davon das Herz abnagen lassen. Denn ich muß jederzeit superkluge rechthaberische Einwendungen erwarten, wenn ich auch gleich behaupte, das zwei mal zwei un= möglich zu fünfen werden können. Worin zeigst Du Dich sonst für meine Bedürfnisse aufmerksam? Ein Handtuch muß ich zehnmal fordern, anstatt daß es ungefordert gereicht werden sollte. Wie oft mußte ich neulich an die Stachel= leuchter erinnern! Ob ich Vorrath an reiner Wäsche habe, und ob davon etwas schadhaft ist oder nicht, dar= nach fragst Du nicht, als höchstens durch die Mägde. Freilich wer so den Kopf voll Pickenick, voll Concert, voll Assemblee, voll Visiten, voll jungen Herren, voll jou jou, und an wie viel Ellen Schnur der Herzog von York oder von Braunschweig, und ob sie das jou jou

mit den Zähnen oder mit dem Hintern spielen, kurz wer den Kopf so voll von hundert und abermal hundert Frivolitäten und Kindereien hat, kann freilich an den verdrüßlichen Mann nicht denken. Aber eben deswegen kann auch der Mann nicht anders als kalt und steif bei Deinem Gruß und Kuß sein. Eben deswegen, und weil Du ihm zu so vielen Mißbehagen gerechten Anlaß giebst, muß er's lieber sehen, wenn Du gehst, als wenn Du kommst. Wahrlich, eine Liebe, die wie der Vesuv brennte, müßte endlich auslöschen, wenn der Mann bei allem jenen Mißfallen, das über seine Liebe wie Meeres= flut herströmt, nun noch hören muß, daß die ganze Stadt ihn obendrein für einen ausgemachten Hahnrei hält. Und das thut sie. Schon von dem kleinen D. Jacobs mußte ich's hören, daß sogar ein Kupferstich oder eine Caricatur = Zeichnung von mir zum Vorschein gekommen, worin ich mit Hörnern erscheine. Nun glaube ich zwar gern, daß Du mir noch wirk= lich keine Hörner aufgesetzt hast, und ich habe mich jene Nachricht auch eben nicht anfechten lassen: aber verdenken kann ich es dem Publicum im mindesten nicht, wenn es mich für einen armen Hörner= träger hält. Denn wenn das Haus einer jungen Frau und eines bejahrten Mannes ein solcher Taubenschlag ist, wie das unsrige, wo Tag für Tag zu allen Zeiten die jungen Laffen aus= und einfliegen, wo man sich so oft und so laut mit den jungen Laffen herumwälzt;

wenn die junge Frau alle Woche Briefe an junge
Laffen und darunter auch an solche nach der Post schickt,
mit welchen sie schon bei deren Hiersein im Gerede war;
wenn sich dies von der Post aus in der Stadt umher
verbreitet; wenn endlich die allerliebsten Mägde, denen
man so sorglos alle seine Ehre, so wie sein Habe und
Gut anvertraute, von bald diesen bald jenen Billetbe=
stellungen, von bald diesen bald jenen jungen Herren ihr
Geschwätz treiben; — wie kann dann das Publicum
nach allem diesen Schein anders urtheilen? Ich wieder=
hole es, mir ist zwar bei allen Deinem bisherigen Be=
ginnen bis jetzt noch kein Argwohn gegen Deine eheliche
Treue angekommen; aber daß nichts desto weniger solche
Dinge meiner Liebe zu Dir endlich nachtheilig werden müssen,
das ist wol sehr natürlich. Denn durch Deine Unbesonnen=
heiten, durch Deinen Leichtsinn, durch Deine thörichte Eitel=
keit giebst Du zu so schändlichen Vermuthungen Anlaß.

Heucheln kann ich nicht. Getreu und offenherzig ging
ich von jeher und längst vor unserer Verbindung mit
Dir um. Offenherzig und gerade heraus muß ich Dir
auch jetzt sagen: so wie Du bist, kann ich Dich weder
achten noch lieben. Wenn Du meine Dir nach
Stuttgart geschriebenen Briefe noch besitzest, so schlage
sie nach, und Du wirst irgendwo eine Stelle finden,
wo ich sagte: Wenn Du meiner ausdauernden Liebe
versichert sein wolltest, so solltest Du Dich nur meiner
Hochachtung bemächtigen. Meiner Hochachtung für Dich

6*

würde auch Liebe unzertrennlich nachfolgen. Diesen Rath hast Du bisher schlecht befolgt, wie denn überhaupt guter Rath an Deinem Eigendünkel selten haftet. Unmöglich, unmöglich kann ich für eine so kindische, läppische, frivole, die richtigsten und ehrwürdigsten Pflichten so vernachlässigende und daher von Feind und Freund allgemein und mit Recht getadelte, ja verschrieene Frau Hochachtung hegen. Wenn ich sie vollends noch dazu von Eigendünkel, von Selbstgenügsamkeit, von Superklugheit, von Rechthaberei, von egoistischen Ansprüchen, von vornehmer Kostbarkeit strotzen sehe, so gehört in der That ein geduldiges Phlegma, wie das meinige dazu, um sie nicht ganz und gar zu verachten. So lange wie Du so bist und bleibst, kann ich Dich nicht lieben. Alle meine Liebe hängt sich nur an Hochachtung, selbst sogar meine Sinnliche. Und wenn ich Priaps Sinnlichkeit hätte, so würden die heftigsten Triebe vor einem Gegenstande erschlaffen, den ich nicht achten kann. Erobere meine Achtung wieder, wenn Dir an meiner Liebe etwas gelegen ist!

Mich wundert, wie Du nicht das mindeste Arg daraus haben kannst, daß selbst alle Deine hiesigen Freundinnen sich ganz sichtbar von Dir zu entfernen suchen. Mir kommt es wenigstens gar deutlich vor, als ob eben kein sonderlicher Drang mehr zu Dir wäre. Außer Einladungen und Besuchen der kahlen Höflichkeit nehme ich nichts mehr wahr. Solltest Du in Deinem

Taumel hieran noch nicht gedacht haben, so muß ich
Dich aufmerksam darauf machen. Ja, ich muß Dir noch
mehr sagen: Aus mehr als einer zuverlässigen Quelle
weiß ich es, daß alle Deine Freundinnen ohne Aus=
nahme Dein Wesen und Deine Handlungen mißbilligen,
und sich Dir daher möglichst zu entziehen suchen. Das
erklären Spittlers, das erklären Gmelins, das erklären
Richters, kurz das erklären alle, sogar Michaelis! Sollte
etwa eine oder die andere Dich einmal wieder zu einer
Liebesintrigue nöthig haben, so dürfte sich die freilich
wieder herzudrängen, weil sie es Dir leicht abgemerkt
haben kann, daß Du Dich mit blindem unbesonnenen
Wahnsinn für diejenigen in Worten und Werken zu
verwenden pflegst, die sich bei solchen Gelegenheiten
unter die Flügel Deiner Gunst begeben. Sonst aber
werden auch diejenigen, die in Ansehung ihres guten
Rufes eben nichts zu verlieren haben, Dich so viel wie
möglich meiden, um dieses ihr N i c h t s nicht durch Deinen
Umgang zu verlieren. Junge Laffen werden sich freilich
noch immer, und zwar um so lieber um Dich versammeln,
je mehr Du diejenige bist und bleibst, die Du bisher
warst. Denn wo fänden sie wol sonst ein Haus, und
in dem Hause eine Frau, die es ihnen besser böte, als
Du? Wohin es aber endlich mit der öffentlichen Achtung
für Dich kommen werde, das ist leicht abzusehen. Und
die jungen Herren — Du glaubst wol wunder, wie Du
von ihnen gefeiert werdest? — Natürlich! Wie könnte

ein so selbstgenügsames, in sich selbst so seliges Herz
daran zweifeln? Ich aber kann und muß Dir sagen,
daß sogar Verschiedene von denen, die hier Höflichkeiten
genießen, Deiner Affectation, Ziererei, Kostbarkeit, Vor=
nehmthuerei u. s. w. spotten. Auch sehe ich gar nicht,
daß Du sie in gehöriger Reverenz gegen Dich erhältst.
Sollte wol noch eine andere Dame hier in der Stadt
sein, auf deren Zimmer sie sich herausnehmen dürften,
so studentisch zu schreien und zu lärmen, als auf dem
Deinigen? Mit Erstaunen höre ich oft, wie sie die
Treppe heraufpoltern, an die Thüre schlagen, und herein=
fahren, nicht anders, als auf eine Studentenstube.

Das Ende von diesem ganzen traurigen Liede ist,
daß es so wie bisher nicht bleiben kann, wenn ich nicht
an Leib und Geist, so wie an Vermögen zu Grunde gehen
soll. Du mußt entweder schlechterdings Deinen Pflichten
als Hausfrau, als Mutter, als Gattin, sowol durch
Thun als durch Lassen, Genüge leisten, oder es muß
auf einem andern Wege aus der höchsten Noth eine
Tugend gemacht werden. —

Jedermann kennt meine Umstände, ja man hält sie
wol gar für schlimmer, als sie wirklich sind, jedermann
weiß, daß Du mir kein Kaiserthum zugebracht hast, so
gern ich auch sähe, daß es die Leute zu Deiner Ent=
schuldigung glaubten, und gleichwol willst Du ein
glänzendes Haus machen und einen Schwarm gehor=
samer Diener und Dienerinnen um Dich her haben.

Anstatt den Kreis Deiner Bekanntschaften einzuschränken, breitest Du ihn täglich weiter aus. Alles ist Dir will= kommen, was sich nur irgend an Dich hängen, oder wie es in der lächerlichen Sprache vornehmer Thorheit heißt, was sich präsentiren lassen will. Du denkst wol wunder, wie sehr Dich das alles verherrliche! — O ich wollte nur, daß Du diese Verherrlichung in den Herzen selbst derer lesen könntest, die äußerlich die Rollen der gehor= samen Diener und Dienerinnen spielen. Wie viel mehr Ruhm und Werthschätzung der Vernünftigen und Guten würdest Du Dir ohne eine solche Hofhaltung durch stille häusliche Eingezogenheit und gute Wirthschaft er= werben, wenn man sagen müßte: Mit einer solchen Frau, wenn je mit Einer, muß Bürger auf einen grünen Zweig kommen, er mag wollen oder nicht. O wie liebenswürdig würdest Du mir unter einer solchen Nach= rede erscheinen! Statt dessen aber wird von guten Leuten Ach und Weh über den Unstern geseufzt, der mich nach Schwaben geführt hat, und die Uebelgesinnten halten mich für einen schwachen Pinsel, weil sie wähnen, ich sähe das Unwesen so ruhig mit an, und hege wol gar daran Wohlgefallen.

So stark ich Gottlob! bin, ungegründete, unverdiente Urtheile der Welt mit verachtendem Gleichmuth zu tragen, so wenig kann und will ich hinfort mich und die Meinigen gerechtem Tadel bloßgestellt wissen. Was da= gegen in meinen Kräften steht, und mit der Würde eines rechtschaffenen und edlen Mannes vereinbar ist, das will ich thun. Die Vorhaltung dieses Spiegels war das erste, was mir rathsam schien. Hilft dieses nichts, so sehe ich nur noch zwei Mittel, um nicht zu Schanden zu werden. Entweder ich muß die ganze Lage der Sachen, wie sie ist, Deiner Mutter entdecken, muß sie bitten, daß sie zu uns ziehe, und das ausgeartete Kind wieder in Aufsicht und Zucht nehme; oder ich muß Dich auf ein oder zwei Jahre wieder zu Deiner Mutter nach Schwa=ben schicken, und nicht eher wieder holen, als bist Du weiser geworden bist."

Die also Geschilderte antwortete in einem Briefe vom 1. Dezember (1791), der widersprüchlich genug frech, anmaßend, leichtsinnig und dennoch ein tröstliches Ge=löbniß der Besserung genannt worden. Althof, der einzige Freund und Vertraute seines Kummers, soll ihr vergebliche Vorstellungen darüber gemacht, Bürger aber Folgendes entgegnet haben:

„Eine solche Antwort! — Nun, ich will nicht darauf repliciren, wie sie es vor Gott und der ganzen vernünf=tigen und billigen Welt, die die Lage der Sachen kennt, verdient. Selbst die gerechten Empfindungen will ich unterdrücken, die sie in meinem Innern aufregt. Ich will vielmehr glauben, daß ein zwar äußerst krankes, aber doch im Grunde noch gutgeartetes Herz nur in der ersten Empörung nach einer angreifenden moralischen Arznei einen Unrath von sich geben konnte, wie ihn

nur immer das Verworfenste, an welchem alle Hoff=
nung verloren ist, von sich zu geben im Stande sein
kann. Hoffen, ja hoffen will ich, daß die Zeit nicht aus=
bleiben werde, da Du Dich dieser Antwort mit tiefer
Reue von selbst schämen wirst, ohne daß ich nöthig habe
ihre schimpflichen Blößen aufzudecken. Wenn dieser Vor=
bote Deiner Genesung sich gezeigt haben und mein Auge
durch seine stillen Thränen hindurch an Deinem ganzen
Betragen es wahrnehmen wird, daß Du der Wohlthat
werth warst, meine Meinung in so derben Worten,
wie Du sie nennst, zu vernehmen, so wird alle meine
Achtung und Liebe zu Dir wiederkehren, und ich werde
mit Bräutigamszärtlichkeit um die Deinige werben.
Wenn ich diese dann auch nimmermehr erwerben sollte,
so will ich doch meinem Gewissen das volle Zeugniß,
ihrer werth zu sein, zu erwerben trachten. Wofern aber
von alledem, was ich hoffe, nichts sich ereignen sollte,
so ist das Bekenntniß Deiner Nichtliebe ein Balsam für
mein verwundetes Herz."

Verschiedene neue Gerüchte über ihre Untreue ver=
setzten ihn, wie er selbst sagte, in die merklichste Leibes=
und Seelenermattung.

„Dies erregte" — schreibt er — „die Aufmerksam=
keit meiner Frau so weit, daß sie Unrath merkte und
mit dem liebreichsten, theilnehmendsten Anscheine in mich
drang, ihr zu sagen, was mir doch fehle. Da kam es
denn am 10. Dezember unter uns zu einer Scene, da

ich Gott zum Rächer und Richter zwischen mir und dem
ungetreuen Weibe anrief, wenn sie mich hinterginge.
O, wenn der Allbarmherzige nicht, durch Reue und
Buße versöhnt, Gnade vor Recht ergehen läßt, so muß
das Schicksal der heuchelnden Betrügerin dereinst schreck=
lich sein!

Ich that ihr Vorhalt vom Dem, was ich wußte,
und unter der Maske himmlischer Wahrhaftigkeit und
Unschuld suchte sie mir allen Argwohn von irgend einem
verdächtigen Verkehr auszureden. In den Stürmen von
Zweifeln, die mein ganzes Wesen, wie das heftigste Fieber,
bei jener Scene hin und her schüttelten, that ich Alles,
was in solchen Fällen nur irgend auf die Menschheit
zu wirken vermag, um die Ungetreue zu einem freien
und edlen Geständniß ihrer Vergehungen zu bringen.
Aus der erschütterten Tiefe meines Herzens bat, beschwor
ich sie mit heißen Thränenströmen, mich doch nur jetzt
nicht zu hintergehen. Ich gelobte ihr sogar heilig, alles
Geschehene, was es auch immer sei, zu vergessen und zu
vergeben; nur sollte sie mir jetzt ihre Fehltritte frei und
offenherzig gestehen. Ich rief feierlich und schrecklich Gott
an, Richter und Rächer zu sein zwischen ihr und mir,
wenn sie jetzt heuchelte und die Wahrheit zurückhielte.
Ich erinnerte sie an ein heiliges Versprechen, das sie mir
ehmals gethan, wenn ihr jemals eine Schwachheit des
Herzens ankommen sollte, wofür man nicht immer stehen
könnte, so sollte ich der Erste sein, der es erführe, und

von welchem sie Beistand und Rettung gegen jede Ver=
irrung suchen wollte, welches ich ihr auch heilig zu=
gesagt hatte."

Nun soll Elise nach langem Zögern gestanden haben,
daß ihr der schon erwähnte Graf H * nicht gleich=
giltig sei.

„Darauf fragte ich zwar fest und ernsthaft, aber
doch gütig, ob es schon zu Erklärungen zwischen ihnen
gekommen sei. Das wurde durchaus geleugnet. Mit
der Miene der höchsten Unschuld und Redlichkeit, an
welcher nur ein teuflischer Argwohn noch hätte zweifeln
können, sagte sie: Er habe bisher nur, wann ein Ge=
spräch von ihrer häuslichen und ehelichen Lage auf das
Tapet gekommen, von fern darauf gedeutet, sich auch
dann und wann wol durch einen sanften Händedruck
verrathen."

Sie versprach hierauf freiwillig, sie wolle ihn nicht
wieder sehen. Ich fragte: Kann ich mich auf die Wahr=
heit alles dessen wie auf Gott selbst verlassen? Sie ver=
sicherte es. Kannst Du mir schwören, fragte ich ferner,
daß Du mich nicht hintergehest, daß Du sonst nie eine
eheliche Untreue an mir begangen hast? Sie behauptete
das fest. Soll Dir Gott, fuhr ich fort, nimmermehr
gnädig sein, wenn Du mich hintergehest? Willst Du, daß
dieser Schwur als die frevelhafteste Lästerung seines
allerheiligsten Namens angesehen werde? Willst Du das?
Sage! — Sie zögerte etwas und sagte endlich: das

sind schreckliche Worte; aber wenn's Dich beruhigen kann, ich will es: Ja!

Ich armer, schmählich Getäuschter schloß hierauf die Meineidige mit der höchsten Inbrunst in meine Arme, überhäufte sie mit thränenvollen Küssen und Liebkosungen und gelobte in meinem Herzen, ihr ferner zu vertrauen, sie zu lieben, wie es nur immer der beste und zärtlichste Gatte vermag. Wie hätte ich glauben können, daß bei und nach einer so erschütternden Scene, die den Teufel selbst hätte entteufeln müssen, der mindeste Unrath auf einem nur einigermaßen empfindlichen Gewissen heimlich sitzen geblieben wäre? — Wenn das unredliche Heuchelei ist, sprach ich zu mir selbst, so ist kein Gott mehr im Himmel und keine Tugend mehr auf Erden.

Und dennoch — stand die verbuhlte, ehebrecherische Heuchlerin nicht nur längst mit diesem H * in einem buhlerischen Briefwechsel, sondern trieb ihn auch noch unausgesetzt fort, und übersandte ihm Geschenke."

Das Gerede des Publicums nahm kein Ende, und Bürger will oder soll deshalb Wege eingeschlagen haben, die weder fein noch zuverlässig gewesen sein mögen, so weit wir sie kennen in der That unstatthaft und unsauber waren. Aber in seiner unendlich übertriebenen Qual fragte er darnach nicht mehr, und er sagt:

„Durch meine leisen, behutsamen Nachforschungen wurde ich denn freilich mehr als allzusehr überzeugt, wie sehr ich betrogen wurde, indem mir der Inhalt manches

Briefes bekannt ward. Dennoch konnte sich mein an=
hängliches Herz ihrer und der Hoffnung noch nicht so=
gleich gänzlich entschlagen, so empörend auch der heuch=
lerische Betrug war. Wochenlang entschuldigte ihn noch
mein billiges und nachsichtiges Herz mit der menschlichen
Schwäche."

Bürger setzte seine heimlichen Nachforschungen fort,
wollte von einer neuen Liaison mit einem jungen nieder=
ländischen Baron, der im Herbst (1791) nach Göttingen
gekommen, Beweise erlangt, endlich sie eines Tags in
einer buhlerischen Umarmung überrascht haben, und
Zeuge einer Scene gewesen sein, welche zu schildern
Verletzung des Schamgefühls wäre. Nach einem un=
mittelbar darauf folgenden fürchterlichen Auftritt zwischen
dem Ehepaare beschloß Bürger die gerichtliche Scheidung.
Elise wartete dieselbe aber nicht ab, sondern reiste „eines
so unerträglichen Verhältnißes halber" schon am
3. Februar 1792 nach Stuttgart zurück. Desselben
Tages hatte ersterer eine Schilderung der Leiden seines
ehelichen Lebens, wie sie uns im Vorigen bekannt ge=
worden, an Frau Hahn vorausgeschickt.

„Schmerzlich ist es mir," klagte er im Eingange,
„daß ich Ihre Tochter so schwer anklagen — daß ich
mich von ihr scheiden muß. Sie ist ein verschwenderisches,
üppiges, heuchlerisches, verbuhltes und ehebrecherisches
Weib. Ich Armer bin vielleicht der Letzte in der ganzen
Stadt, der sie endlich, durch allzu unleugbare Proben

überzeugt, dafür erkennen mußte. Jahr und Tag, troß
so mancher Stimme, die mir zu Ohren drang, troß so
manchem bösen Anschein, troß Caricaturzeichnungen mit
Hörnern, die von mir erschienen, Jahr und Tag sträubte
sich mein Glaube an Menschenwürde, etwas Arges von
ihr zu wähnen. Sie hat Dich ja, sprach ich zu mir
selbst, auf die außerordentlichste Art aus der Ferne zu
sich gerufen. Wie hätte sie das gekonnt, wenn sie nicht
den bessern Theil von dir, deinen Geist und dein Herz
so wie diese in deinen Werken sich abspiegeln, auf die
edelste Art lieb gewonnen hätte? — Du hast dich hierauf
von innen und außen auf das getreueste geschildert, fast
nichts verschwiegen, was dir nachtheilig war, und sie
hat sich dir frei, ohne allen Drang als Gattin in die Arme
geworfen. O, schon um dessen willen wird es ihr un=
möglich sein dich jemals mit Untreue zu beleidigen, wenn
auch gleich das Feuer ihrer ersten Liebe nachlassen sollte.
Wie viel weniger wird sie es können, wenn sie sieht,
daß du ihr edel und anständig begegnest, und das gren=
zenloseste Vertrauen auf sie setzest? Ja, wenn Du, der
abgeblühte Mann in den Vierzigen, dich ihr, der jungen,
blühenden, raschen Zwanzigjährigen durch einen despo=
tischen Vater, durch eine böse, drängende Mutter, durch
überredende Verwandten, oder auch durch andere lose
Künste wider Willen aufgedrungen hättest; wenn Du nun
sie tyrannisirtest, sie rauh und ungestüm behandeltest, sie
lästig einschränktest, mit Argusaugen bewachtest, mit Arg=

wohn und Eiſerſucht quälteſt, kurz, den Plagegeiſt gegen
ſie ſpielteſt, dann wäre es möglich, daß auch ein ſonſt
gutes Geſchöpf ſich einmal aus Unmuth verginge. Aber
da du dir von alledem des Gegentheils ſo ſehr bewußt
biſt, ſo könnte wol nur eine Verworfene, dergleichen es
vielleicht gar unter der Sonne nicht giebt, dir ſo arg
mitſpielen! — So ſprach ich zu mir ſelbſt, und Gott iſt
mein Zeuge, wie ſehr ich auch den entfernteſten Argwohn
verabſcheute, weil ich dadurch die Menſchenwürde zu be=
leidigen und ein Schickſal zu verdienen glaubte, das ich
nun dennoch, und der Allwiſſende weiß es! wie unſchul=
dig trage.

Mit wahrer, herzlicher Liebe ſchloß ich ſie als Gattin
in meine Arme, und führte ſie hieher. Wie ich unter
Ihren Augen, o Mutter, in Stuttgart war, ſo blieb ich
von innen und von außen. Gleichwol gerieth ſie nicht
lange nach unſrer Hieherkunft, ich weiß ſelbſt nicht wie?
in heftig tragiſche Klagen, daß ich ſie nicht wie Molly
liebte, — nicht ſo lieben könnte. Ich wußte ſchlechter=
dings nicht woher, und fiel dabei wie aus den Wolken.
Ich ſuchte ſie erſt ſcherzend und dann zärtlich zufrieden
zu ſprechen. Als mir das aber durchaus nicht gelang,
wurde ich im Bewußtſein einer ſo gänzlichen Schuld=
loſigkeit lebhaft und ungeduldig, ſchlug mir unter meinen
Betheurungen vor den Kopf und eilte auf mein Zimmer.
Ich erhielt hierauf ein Billet von ihr, das die glühendſte
Liebe athmete, und worin ſie es bereute mich durch ihre

Leidenschaft so aufgebracht zu haben. Nach wenig Stun=
den schloß ich sie wieder in meine Arme, und meiner
Meinung nach war Alles wieder gut. Es war ein
Regenschauer, wie sie im Lande der Liebe zu tausenden
fallen, und dieses Land sonst nur desto fruchtbarer und
reizender machen. — Nachher fielen von Zeit zu Zeit
noch einige kurze Mißhelligkeiten unter uns vor, indem
ich wol durch ihren heftigen Widerspruchsgeist, durch ihren
superklugen Dünkel, durch ihre Rechthaberei gegen alle
gesunde Vernunft zu lebhaften Aufwallungen gereizt
wurde. Doch kam es gemeiniglich noch in der nämlichen
Stunde wieder zum Friedenskuße. Nie erinnere ich mich
ihr dabei das kleinste unfeine oder gar harte Wort ge=
sagt zu haben. Ich denke, dergleichen Auftritte ereignen
sich wol in jeder, auch in der besten Ehe. So wenig
mir es desfalls ankam, von meiner Liebe zu lassen oder
gar auf Nebenwege auszuschweifen, eben so wenig ließ
ich mir dergleichen von ihr träumen. Indessen erwiederte
sie meine Liebkosungen kalt. Auf diese Weise entstand
unter uns eine Art von Entfremdung. — Ach! ich ahnte
nicht, was ich leider nunmehr weiß, daß sich schon in dem
ersten Monate unsers Hierseins ein Buhler bei ihr ein=
genistet hatte. Denn von dem ersten Pickenick her, wel=
ches ich mit ihr besuchte, noch keine vierzehn Tage oder
drei Wochen nach unsrer Ankunft, schmiegte sich der
Bruder der Demoiselle M. an sie, machte ihr sehr auf=
fallend die Cour und kam bald täglich in's Haus. —

— — Denken Sie nicht, gute Mutter, daß diese Beiden"
— es ist noch ein Herr v. S. aus Liefland als Nach-
folger erwähnt — „etwa die einzigen Gäste in meinem
Hause gewesen. Nein! zu ganzen Dutzenden zog ihre
Koketterie sie in's Haus. Wir waren keine zwei Monate
hier, als kein Tag verging, da nicht der Eine oder Andere
Cour machte, und an jedem Donnerstage in der Woche
war große, volle Assemblee bei uns, zu welcher auch eins
und das andere Frauenzimmer, besonders solche, die ihre
Anbeter hier wußten, mitkamen. Da ging es mit Blinde-
kuh und allerlei andern Spielen sehr laut zu. — Ich
armer Mensch, der in der Hauptsache ein unerschütterliches
Vertrauen auf sie setzte, konnte durch sanft gewendete
Vorstellungen gegen diese Begierde nach lärmenden Er-
götzlichkeiten nichts ausrichten, und mit Gewalt und Trotz
mich dagegen zu stemmen, war meiner Gutmüthigkeit unmöglich. — Daß bei einem solchen tagtäglichen Commerz
eben nicht viel Schmeicheleien für den armen Ehemann
abfielen, das ist sehr begreiflich, besonders da derselbe
entweder aus Mißvergnügen oder seiner Geschäfte halber
sehr wenig Theil daran nahm und mehrentheils auf seinem Studirzimmer blieb. Ich leugne gar nicht, daß ich
dabei immer kälter und trockner wurde, besonders da auch
bald der ungemeine Aufwand, und die von Madame
ganz vernachlässigte Hauswirthschaft zum allgemeinen
Stadtgespräch wurden, und keine Winke dagegen etwas
fruchteten. Dennoch kann ich vor Gott betheuern, daß

Ebeling, G. A. Bürger.   7

ich, trotz meiner äußerlichen Kälte und Trockenheit, nie
den brummischen Ehemann gegen sie gespielt habe. Ich
suchte Erbitterungen auszuweichen, verschlang manchen
und manchen gerechten Verdruß im Stillen, um nicht
über die unsinnigsten Widersprüche, die ich überall be=
fürchten mußte, mich sowol als sie selbst, die schwanger
war, zu empören. — Meine tröstenden Hoffnungen, daß
sie sich als Mutter ganz anders und besser als bisher
benehmen werde, wurden leider! nicht erfüllt. — Da
nun der Mutterstand im geringsten keine Besserung her=
vorbrachte, vielmehr der alte Jubel wieder angestimmt
wurde, inmittelst der Tadel der ganzen Stadt über die
auf das enormste vernachlässigten Pflichten der Gattin,
der Hausfrau und Mutter immer öfter und lauter mir
zu Ohren drang, so sah ich mich gedrungen, endlich ein
ernsthaftes Wort zu sprechen."

Hieran genug, denn wir wissen das Uebrige bereits.
Frau Hahn las das Libell nie zu Ende. Beim Eintritt
ihrer Tochter rief sie: „Armes Kind! ich ahnte, daß es
kein gutes Ende nehmen würde; aber daß es ein so
schnelles Ende nähme, wer hätte das ahnen können?"
Daß Bürger nach Elisens Abreise noch „viel Schänd=
liches in Erfahrung gebracht," so daß er, seine Worte
zu gebrauchen, neben diesem unnatürlichen Weibe wie an
einer Schandsäule bisher gestanden, kann man nicht im
Mindesten bezweifeln. Famam quotusquisque potest
effugere?

Das vom Gericht verlangte ernste Wort wurde ge=
sprochen. Allein das Divortium datirt erst vom
31. März 1792, und nicht schon aus dem Februar, wie
seit Althof immer angeführt worden. Im Februar ward
blos bis zu endgiltigem Erkenntniß die „separatio quoad
torum et mensam" bestimmt. Es gestattete ihr die
Fortführung des Namens, den Bürger abgeurtelt wissen
wollte, erklärte sie indeß „wegen böswilliger Verlassung"
ihrer Ausstattung und des sonstigen Eingebrachten ver=
lustig, wovon freilich ohnehin nichts mehr vorhanden
war.

III.

Untersuchung der Schuld und weiterer Verlauf.

Wenn die Literarhistoriker im Capitel von dem Dich=
ter Bürger das mehr als halbhundertjährige Verdam=
mungsurtheil über Elise adoptirten, die strengen, lieb=
losen und ungerechten Sentenzen über sein sittliches
Verhalten wie über sein dichterisches Gewissen auch auf
sie übertrugen, so kann das weder befremden noch un=
verzeihlich sein. Die absolute Einstimmigkeit mußte im=
poniren, das Bemessen geistigen Wirkens könnte oft nur
künstlich von rein menschlichen Verhältnissen in Ab=
hängigkeit versetzt werden, und hinsichtlich Bürger's ist
es vollkommen ausgemacht, daß die in Rede stehende
tragische Episode für die Abschätzung seines poetischen
Werthes nicht in die Wage fällt. Bei dem von den
meisten Literaturgeschichtsschreibern eigenommenen ab=
stracten Standpunkte ist überdies das biographische Mo=
ment größtentheils irrelevant. Denn die Erkenntniß von
der für richtiges Verständniß der geistigen Entwicklung
eines Volks ausnahmslosen Nothwendigkeit eng verbun=

dener Untersuchung des äußern Lebens und innern
Schaffens ihrer Träger ist eine vorerst noch sporadische.
Und noch seltener sehen wir die Einsicht zur Geltung
gelangen, daß es keinen allgemeinen, auf alle Menschen
ohne Weiters anwendbaren sittlichen Maßstab giebt, daß
jedes Individuum seine eigenartigen Astrolabien und
Meßketten erheischt. Freilich werden wir, huldigt man
allgemein jener Nothwendigkeit, bethätigt Jedweder diese
Einsicht, auf undenkliche Zeit hin keine Darstellung von
Jahrhunderten oder selbst kürzern Zeiträumen erhalten,
lediglich Episoden, Einzellebensläufe und Specialissima;
aber diese unausmeßbare Phase ist unumgänglich, soll
die Geschichtschreibung in der Rückkehr zum Generellen
und Summarischen durchgreifenden, thatsächlichen Erfolgs
für die Menschheit und die wahrhaft erhabenste aller
Wissenschaften werden. Denen jedoch müssen wir allen
und jeden Beruf zur Geschichtschreibung absprechen,
welche in jeder Katastrophe das plötzliche Erscheinen einer
Nemesis gewahren, alle Vergeltung im Guten oder
Schlimmen übermenschlich abgelöst von den Dingen er=
blicken. Es existirt nur Eine Nemesis, und sie ruht in
unserm eigenen Wesen. Es giebt zufällige Ursachen,
aber keine zufällige Wirkungen. Unsers Dichters dritte
Ehe war eine so zufällige, wie sie es nur irgend sein
konnte, und eine absolut selbstständige Ursache; und wenn
ihr unglücklicher Ausgang daher eine fürchterliche Heim=
suchung dessen genannt worden, was er in der ersten

Ehe gefehlt, wie von Gelzer geschehen, so verräth das,
sofern es mehr als Floskel sein soll, nicht mehr eine
ethische, sondern eine afterreligiöse Betrachtungsweise,
welche sich der Logik begebend mit Widersinn zusammen=
fällt. Wo ist ein Zusammenhang zwischen Dorette
Leonhart und Elise Hahn? Will man alles Ernstes den
Begriff des Causalnerus auf der Drahtbank supranatu=
ralistischer Willkür so in die Länge ziehen und zerren,
daß ihm alle Glieder darüber bersten, dann muß jener
eheliche Verlauf als die Heimsuchung von viel weiter
zurückliegenden Umständen erfaßt werden, deren Anein=
anderreihung aber den Stoff zu einer Farce liefern hieße.

Unverzeihlich hingegen, obgleich nicht befremdlich, ist
die Aufrechthaltung der Anklage gegen Elise in allen
ihren Theilen bei Denen, welche Bürger's Leben und
Charakteristik zur Aufgabe abgesonderter, einerlei ob mehr
oder minder umfassender Behandlung machten. Unver=
zeihlich, denn die Anklage, wenn man sie auch nur in
einigen Stücken kannte, trägt der Stellen nicht wenige,
welche in erfahrungsmäßige Widersprüche verwickelt vorn=
herein mindestens starken Zweifel erwecken. Unverzeihlich,
denn wo hörte man die Angeklagte? Sie erschien vor
keiner öffentlichen Schranke. Und wenn man weder
von einer Vertheidigung wußte noch von der Beschul=
digung aus eigenem Vernehmen, mußte es nicht zur
größten Behutsamkeit und Zurückhaltung mahnen, daß
Althof so hurtig und unentschieden und mit geflissent=

lichem Verschweigen von den fraglichen Begebenheiten
sich abwandt, er, der aufrichtige Freund unsers Dichters,
der sicher um Vieles wußte und besser als irgend ein
Anderer? War er nicht verbunden dem heimgegangenen
Freunde ein Absolutorium von jedweder Verschuldung seiner
letztehelichen Leiden nachzurufen, wenn Ehre und Ge=
wissen ihm dies gestatteten? Welche allgemeinhin vorge=
schützte wichtige Rücksichten durften ihm das Erörtern
von Details verbieten, wenn nicht vornehmlich verdiente
Rücksichten auf Elise? wenn nicht auf des Verstorbenen
Kinder? Endlich: In einem längern Briefe unserer
Clientin an Emil Bürger (Frankfurt, den 21. April
1808) heißt es: „Unglückliche Ehen giebt es nur zu
viele, und gewöhnlich tragen. beide Theile die Schuld."
Dies ist ein bis zur Trivialität bekannter und ver=
brauchter Erfahrungssatz. Dennoch kenne ich keinen
Lebensbeschreiber Bürger's, so viele deren existiren, der
sich dieses Dictums erinnerte und von ihm aus zu einer
nicht alle Verhältnisse wie in einem Hohlspiegel wider=
natürlich verunstaltenden Firirung gelangte, damit unser
Rechtsmündel vor unwürdigster Behandlung schützend.
Goedeke spricht von ihr wie von einer Vagabondin.
Und auch die letzte Zuflucht vor der Rüge der Unver=
zeihlichkeit, die Freistatt des Gerichtsspruches, müssen
wir abschneiden. Er erkannte die Zulässigkeit der for=
mellen Lösung eines concreten Zustandes, die Unver=
träglichkeit dieser Ehe; aber er abjudicirte so wenig

wie ein anderes Scheidungsurtheil alle Wahrzeichen eines sittlichen Charakters, er war kein Verdict über die ganze Zukunft der geschiedenen Frau.

Allein nicht befremdlich. Ihre Schuld hatte die Tradition so in's Unendliche und Compacte gesteigert, daß es nur beifallverheißend sein konnte, sich von den weichen Polstern des Schlendrianismus aus zum Wortführer der nächsten Erben und Pfleger dieser Ueberlieferung zu machen. Die im alltäglichen Leben leicht bemerkbare allgemeine selbstsüchtige Zaghaftigkeit und träge Scheu vor der Parteinahme für einen von der Menge Geächteten spiegelt sich in der Literatur in den schärfsten Umrissen. Vielen ist das St. Georgsschwert der Wahrheit und Prüfung in die Hand gedrückt; Wenige aber ermannen sich den Lindwurm des öffentlichen Leumunds damit zu erlegen. Ehrenrettungen waren immer eine müh= und gefahrvolle Arbeit, meist nur den undankbaren Lohn der Rabulisterei und Sophistik erntend. Zu gefahrvollen Mühen sich centripedal verhalten erforderte indeß gar oft eine apostolische Weihe, die man in der Regel verschmähte, weil sie ein dem allgemeinen Beifall gegenüber meist centrifugales Verhalten auferlegte. Aus dem Beifall rollen ewig die goldenen Aepfel, welche den Wettlauf der Atalanta und des Hippomenes entschieden. Doch treffe man hieraus keine Anwendung und falsche Schlüsse auf unser eigenes Beginnen. Dürfen wir uns das Verdienst einer rühm=

lichen Unternehmung vindiciren, so doch nicht das einer
gefahrvollen. Wir wissen sehr wohl, und haben es an
uns selber hinreichend bewährt gefunden, daß, durch je
mehr Generationen eine Meinung als Erbschaft geht,
sich die Gefahr eines Anpralles gegen sie mindert, jede
Ueberlieferung irgend einmal den Rost der Veraltung
ansetzt, der sie unschädlicher Abbröckelung der Hülse vom
Kerne entgegenreift; und ich halte die Untersuchung des
Heimatscheines der Fama über jede historische Persönlich=
keit um so gefahrloser, als unsere Zeit wie keine andere
an Aufräumung und Durchsiebung des Schuttes der
Vergangenheit und des Zweifels ernste und wuchtige
Geräthschaften gewöhnt ist.

Indeß auch verkehrte und unstatthafte Heranziehung
der Pietät macht es unbefremdlich, daß unsere Schutz=
genossin nicht zu ihrem Rechte gelangte. Ich kann nur
wiederholen, was ich an einer andern Stelle hervorge=
hoben: Pietät ist ein religiösliebender Genius, der
immerdar in der Familie, im Hause, im stillen Alltags=
getriebe der Gesellschaft walten möge, denn dort ist sein
Terrain, dort stiftet er Segen. Auf dem Forum der
Geschichte aber soll er keinen Zutritt haben, hier soll
allein die Wahrheit reden, enthüllt vom Haupt bis zur
Zehe. De mortuis nil nisi — *Vere!* Ueberdies ist
es keine Pietät, auf den Einen zu Gunsten des Andern
zu schlagen; den Größern zu hätscheln, den Kleinern
zu striegeln; den Einen zu stürzen um den Andern

zu erheben; Einen niederzudrücken damit der Andere sich aufrechthalte: keine Pietät, Lügen und Irrthümer fort= zupflanzen und Thorheiten zu mumifiren. Und als solch' ein erbärmliches und dummdreistes Ding erscheint sie mehrentheils. Bürger den Menschen konnten seine Biographen ganz fallen lassen, an dem Epistylium der Unsterblichkeit, das Bürger der Dichter erklommen, hätten sie damit nicht gerüttelt.

Nehmen wir denn nun unsern Versuch, was von den verschiedenen Instanzen allseits verfahren worden in das rechte Gleis zu bringen, wieder auf. Berechtigung und Verpflichtung dazu können von keinem Gesichtspunkte aus angezweifelt werden. Wer in der Walhalla des nationalen geistigen Lebens auch blos den Kragstein zur kleinsten Nippesfigur eingenommen, hat Anspruch auf Säuberung von dem Staube, der ihn verunstaltet. Nicht kommt mir in den Sinn um Elisens Andenken eine Glorie zu breiten, welche sie zur Heiligen verklärt; Abtragen von den dicken Farben, mit denen sie bis zur Unkenntlich= keit angestrichen und Hineintragen lichter behufs Wieder= herstellung ihres wahren Bildes, ist allein mein Unterfan= gen. Nicht zur unbedingten, von ihr selbst abgelehnten Frei= sprechung dient das unserm Plaidoyer gebotene Material, sondern zur Wehr, zur Entschuldigung und Aussöhnung.

Obgleich Bürger's letzteheliches Unglück von vielen Sei= ten Elisen gleich anfänglich ausschließlich aufgebürdet wurde, so läßt sich doch nicht behaupten, daß sie sich damit eine allgemeine Verurtheilung zugezogen hätte. Nicht mit dem, was bei dem Scheidungsprozesse zur Erörterung gelangte, aus der Gerichtsstube in die städtischen Kreise und dann weiter hinaus drang; nicht mit den vornehmlich aus Indiscretion und Scandalsucht diesem und jenem Blatte zur Verbreitung übergebenen wenigen Einzelheiten und Bruchstücken; auch nicht mit dem in Hannover 1801 anonym veröffentlichten Pasquill: „Schicksale einer theatralischen Abenteurerin," beginnt ihre ausnahmslose und radicale Brandmarkung in der Literatur, — sondern erst mit der Veröffentlichung von Schriftstücken, welche im Jahre 1812 unter dem Titel: „Gottfried August Bürger's Ehestandsgeschichte" in gewisser zusammenhängender Vollständigkeit auf den Markt traten und unbedingte Authentie forderten.

Diese unbedingte Authentie muß ihnen aber abgesprochen werden, und zwar aus folgenden Gründen.

Der Herausgeber dieses, wie Elise sagte, „Aus Niedertracht und Bosheit gezimmerten Schlagbaumes, um einer Frau alles Glück der Zukunft abzusperren," war Karl Reinhard aus Helmstädt (1769—1840): zeitlebens ein flacher Dichterdilettant, der mit Bürgern häufigen Umgang gepflogen und bei demselben in besonderer Gunst gestanden hatte, seine Genanntheit auch hauptsächlich der Ausbeute der Bürger'schen Schriften verdankt; übrigens trotz seiner Winzigkeit Hofrath, auch

kaiserlicher gekrönter Poet und Ehrenmitglied des welt=
lichen Stiftsherrenordens St. Joachim, woraus er die
Berechtigung zog, seinem Namen die Adelspräposition
anhenkeln zu dürfen, obschon davon in seinem Diplome
nichts geschrieben stand. Wirklich kam er in Berlin ein=
mal in die Lage, daß man eine beſſere Erhärtung seiner
Nobilitirung von ihm verlangte. Dieser Reinhard nun
behauptete u. a. in einer öffentlichen Erklärung vom
17. Mai 1823, als die Dietrich'sche Buchhandlung
in Göttingen im Verein mit des verstorbenen Dichters
Kindern die von ihm in Berlin bei Christiani veran=
staltete „vollendete rechtmäßige Ausgabe" von Bürger's
sämmtlichen Werken als vollkommen unrechtmäßige
anfocht: er habe die von diesem hinterlaſſenen Papiere
in öffentlicher Auction meistbietend erstanden, wie die
gerichtlich geführten Auctionsprotocolle beweisen könnten.
Das Göttinger Universitätsgericht aber bezeugte unterm
20. Juni 1824 aus den Bürger'schen Nachlaßacten in
forma probante: Daß in der am 8. September 1794
und folgenden Tagen gehaltenen Mobilien=Auction
keine Manuscripte verkauft worden seien; daß
ferner in der zu derselben Zeit stattgefundenen Bücher=
versteigerung keine andern Manuscripte als ein
Convolut Collegienhefte über Aesthetik und
den deutschen Stil veräußert und vom Profeſ=
ſor Althof erworben, eine Menge Briefe und
Hefte dagegen den Vormündern der Bürger'schen

Kinder, dem genannten Althof und Dr. med. Jäger
blos zur Durchsicht überlassen worden wären. Daß
dann Reinhard die Collegienhefte über Aesthetik und den
deutschen Stil Ersterem wieder abgekauft, und das zu
der neuen Ausgabe der Bürger'schen Schrif=
ten (von 1796) erforderliche Material, genau
verzeichnet, zur Benutzung erhalten hätte, ward
der Dietrich'schen Buchhandlung schriftlich bestätigt.
Dagegen verweigerten ihm die Vormünder
die Aushändigung der Privataufzeichnun=
gen sammt dem Briefwechsel des Erblassers,
lieferten diese Papiere im Gegentheile an
die Vormundschaftsbehörde zurück. In deren
Depositum ruhten sie versiegelt bis 1804, wo sie Ma=
rianne Bürger entgegennahm, um damit, wie es scheint,
nach Belieben zu schalten; wenigstens hat Emil Bürger
erklärt, daß er nie davon etwas zu sehen bekommen.
Der Stiefmutter hatte Marianne aber schon früher
geschrieben: ihr Gefühl zwinge sie jede Beziehung und
Erinnerung an sie als erloschen zu betrachten, weshalb
sie auch niemals, weder durch Wort noch Hand=
lung, Partei für oder gegen sie nehmen könne
und werde. Ob indeß Elise zu dieser Eröffnung An=
laß geboten ist nicht zu ergründen; Frau Marie Bürger
erachtete sie als Schlüssigkeit eigenen Antriebes; auch
war Elise zu stolz um etwa Theilnahme zu erflehen:
wo sie nachmals zudringlich erschien, geschah es stets zu

Wohlthätigkeitszwecken. Im Uebrigen stellte Reinhard seiner eigenen Erklärung, die sämmtlichen Bürger'schen Papiere 1794 käuflich an sich gebracht zu haben — was also erlogen — das stärkste Dementi im Vorwort zu der angefochtenen Edition der Werke unsers Dichters aus. Dort sagte er, unterm 5. März 1823, seine Sammlung der Schriften Bürger's von 1796—98 wäre weder eine vollständige noch vollendete gewesen, weil er damals durch Zufall noch nicht im Besitze des ganzen literarischen Nachlasses seines „Freundes" gewesen! Aber welcher Zufall hätte ihm denn diesen Nachlaß, einmal rechtlich erworben, aus der Hand ziehen sollen, wo er eben tutorio nomine durch die Dietrich'sche Buchhandlung zur Redaction der neuen Ausgabe von 1796 engagirt worden? Die Wahrheit ist, daß er außer jenen Collegienheften keinen Nachlaß als Eigenthum acquirirt, den von den Vormündern über= reichten und von ihm in seinen Vorreden selber gekenn= zeichneten indeß leihweise erhalten hatte; nämlich Exemplare und Abzüge früherer Publicationen, eine Sammlung von Blättern, welche Correcturen und Ab= änderungen von Bürger's eigener Hand zu seinen ver= schiedenen Schriften enthielten, und ein durchschossenes Exemplar der Gedichte von 1789, worin sämmtliche Ver= besserungen und Varianten zum Behufe einer bereits angekündigten großen und vor einer namhaften Zahl seiner Verehrer bereits bezahlten Ausgabe angebracht worden. Außerdem die Handschriften zur Ilias, zu den Gedichten Komala und Kathloda, zu den Frei- maurerreden, der Bearbeitung des Froschmäuslers, zum dritten Abschnitte aus Daniel Wunderlich's Buche, zur Rechenschaft über die Veränderungen in der Nachtfeier der Venus, zu den Fragmenten über die Wirkung des Schleiers in Werken der darstellenden Kunst, und über die Popularität der Poesie. Reinhard war aber jeden- falls schon damals auf Ausnutzung der Bürger'schen Werke in seinem alleinigen Interesse und eine die damalige Gratification der Dietrich'schen Buchhandlung weit übersteigende Verwerthung bedacht, und so unter- drückte er vorderhand, seinen Auftraggebern gegenüber Gott weiß unter welchem Vorwande, nicht nur eine An- zahl Gedichte, verschiedene Verbesserungen und Varian- ten, sofern sie alle Bürger'sche sind — was man bona fide hinnehmen muß —, sondern auch mehreres Handschriftliche und schon anderweitig Gedruckte zu den vermischten Schriften. Auch umging er die Aufnahme der Vorlesungen über Aesthetik und den deutschen Stil. Daß ihn die nackteste Selbstsucht bei diesen Unterdrückungen geleitet und seine Freundschaft zu Bür- ger niedrig eigennützig gewesen, ist um so unzweifel- hafter, als er von dem Ertrage der angefochtenen Ber- liner Ausgabe Bürger's Kindern nicht die kleinste Quote zugestand, und auch die Samm- lung von 1796 als sein bürgerliches Eigenthum be-

trachtete, deſſen Erneuerungen allerdings ihn, nicht aber
des Verfaſſers Kinder zu Honorar ansprüchen berechtigen
ſollten.

Wenn es denn evident iſt, daß Reinhard zur Ver=
öffentlichung der in der überaus ſchmuzigen „Eheſtands=
geſchichte" enthaltenen neuen Mittheilungen — denn daß
anſehnliche Stücke darin nicht neu, ſondern andern Pu=
blicationen entlehnt waren, iſt dem Leſer bereits bekannt
— weder durch das Gericht, noch durch die Vormünder,
noch durch Marianne Bürger, deren Wahrhaftigkeit wir
nicht bezweifeln dürfen, in den Stand geſetzt worden,
wenn zum andern nicht anzunehmen daß ihm Frau
Hahn die an ſie gerichteten Klagen des Schwiegerſohnes
gegen ihre Tochter ausgeantwortet, was letztere auch
verneint hat; drittens zu deren Verſicherung, kurz vor
ihrer Trennung ihm an Bürger geſchriebenen Briefe
zurück erlangt zu haben, kein Gegenbeweis geführt wor=
den, — ſo müſſen wir ſehen, worauf die erheiſchte
Authentie ſich allein noch ſtützen kann.

Bürger pflegte ſelten einen Brief abzuſenden ohne
Brouillon oder Abſchrift davon zu beſitzen. Nun kennt
aber wol Jeder das Verhältniß des erſten Concepts zur
Reinſchrift, Jeder weiß, das faſt immer Abweichungen
zwiſchen beiden ſtattfinden, oft ſogar ſehr weſentliche.
Und wer Bürger'ſche Abſchriften geſehen, kennt deren
problematiſche Flüchtigkeit. Oftmals war ihm dabei,
auch in den Copien der an ihn adreſſirten Correſpon=

denzen, nur an dem gelegen, was ihm das Hauptsäch=
lichste schien oder sein mußte.

Andere Unterlagen jedoch als erste Con=
cepte und Copien kann Reinhard keine ge=
habt haben, und die Glaubwürdigkeit seiner Mit=
theilungen wird hinfolglich von Voraussetzungen abhängig,
welche bei obiger Bewandniß nur eingeschränkten Maßes
zu statuiren.

Inzwischen hatte Bürger das größte Interesse an
der Aufbewahrung der ersten Entwürfe und Abschriften
der an, über und von Elisen verfaßten Briefe, er wollte
ja, wie er sagte, eventuell sein Mühen um Wiederher=
stellung der ehelichen Harmonie damit legitimiren; und
Reinhard mußte daher selbst erst wieder Ab=
schriften nehmen, Lücken und Unverständ=
liches durch mündliche Mittheilungen seines
Freundes ausfüllen und in Fluß versetzen,
was auch sicher innerhalb der beiden letzten Lebensjahre
des Dichters geschehen, ich denke, jedenfalls noch ohne
den Vorsatz einer gleichsam systematischen Ent=
würdigung der geschiedenen Frau. Ich sage, innerhalb
der beiden letzten Lebensjahre des Dichters: denn
während der Dauer dieser dritten Verbin=
dung ist Reinhard laut eigenen Bekennt=
nisses und anderweitiger Nachrichten nicht
ein einziges Mal in Bürger's Hause, ja
außer aller Beziehung zu ihm gewesen, da

aus unbekannter Ursache eingetretene gegenseitige Verstimmung und örtliche Entfernung beide auseinanderhielt. Reinhard kehrte erst einige Zeit nach seines Freundes Scheidung aus der Stellung eines Hofmeisters der Grafen von Stolberg-Wernigerode gen Göttingen und in dessen frühere Vertraulichkeit zurück. Mittelst eigener Erfahrung und Beobachtung vermochte er also schlechterdings nichts über Elisen zu berichten, er hatte sie sogar damals, und zwar in den ersten Tagen ihrer Verheirathung, nicht länger gesehen als zu einer Verbeugung nöthig war.

Wie verhielten sich nun seine Abschriften zu den Vorlagen? Wie seine schriftliche Einkleidung zu den mündlichen Eröffnungen Bürgers? Selbst wenn er den morschen Klatsch Dritter, Unbetheiligter, zur Verkleisterung seines übelduftenden, selbst dem kleinsten Reste weiblichen Gefühls Ekel anwehenden Gewebes nicht verwendet hätte, könnten beide Fragen nicht zu seinen Gunsten beantwortet werden. Vergleicht man nämlich die Bruchstücke des Briefwechsels unseres Ehepaares, welche er in den Jahren 1795—98 an einige Journale anonym verzettelte, und auch ein bei Althof abgedrucktes Fragment mit dem vervollständigten der „Ehestandsgeschichte", springen uns mancherlei Verschiedenheiten sofort in die Augen. Diese hätten aber sorgfältiger Arbeit nie widerfahren können, und sie impfen bei Mangel an Bürgschaft der Identität des Uebrigen die Lymphe zersetzender

Scrupulosität unvermeidlich ein. Und wer ihn mit den
Goldstücken seiner Freundschaft äquilibristenartig unauf=
hörlich um sich werfen sieht, während er des Gepriesenen
geistige Schätze habsüchtig bis auf den letzten Heller
plündert, und mit marktschreierischer Ostentation sich ab=
hasten den in umgekehrter Zaunkönigsmanier liebelnd
unter die Arme genommenen Dichter auf der höchsten
Ehrensäule obersten Knauf zu tragen, jedoch nur, wie
genauem Betrachten erkenntlich, damit er selber auf diese
einzig mögliche Weise über das Niveau seiner angeborenen
Unbedeutendheit gelange, der muß ihn nothwendig zu=
nächst in Verdacht einer Sensationsmache
haben, in welcher sogar die discretesten Offenbarungen
eines qualvollen Gemüths statt zarten Griffels und künst=
lerischer Hand mit grober Faust und dickem Maurer=
pinsel auf rohe Leinwand zum höchstlichsten Ergötzen
eines Meßschaubuden=Publicums aufgefleckt worden.

Wenn ferner alle über Reinhard eingezogenen Er=
kundigungen ihn als einen der indiscretesten, leichtfertig=
sten, charakterschwachsten Menschen darstellen; wenn es
endlich fast bis zur Evidenz erwiesen ist, daß, wie aus
dem folgenden Capitel ersichtlich, auch persönliche
Rache eines der Hauptmotive zur Heraus=
gabe der „Ehestandsgeschichte" gewesen --
wodurch sich das Räthsel so langjähriger Zurückhaltung
zu einem Theile löst — so bevestigt sich nicht
blos der Verdacht einer gewissenlosen Re=

8*

daction ohnehin im Durchschnitt unzuverlässigen Ma=
terials bis zur unumstößlichen Gewißheit, sondern er
tritt obenein in das grelle Licht einer man=
nigfachen, bewußten, absichtlichen Ver=
fälschung.

So sinkt das Fundament der Schmach, in welcher
das Schwabenkind lebendig eingemauert verkommen sollte,
alsbald zur schiefen Ebene herab, daß der Oberbau sich
spaltet und durch die Fugen Elisens Ehre wieder Luft
zum Leben schöpft.

Allein das Subtractionsexempel der postulirten Glaub=
würdigkeit ist damit nicht beendet.

Nehmen wir einen Augenblick an, Reinhard sei
Bürger's alter ego und in keinem Stücke ein alterum
tantum gewesen, dürfen wir dann zuverlässig die
Sprossen der Leiter besteigen, auf deren Spitze wir
alle Winkel der Nacht seines Unglücks überschauen?
Mit Nichten! Bürger wählte selbst bei ruhiger Ge=
müthsverfassung nicht immer die entsprechende Benennung
der Dinge; seine Art zu reden war häufig drastisch, derb;
er bewegte sich oft in den stärksten Kategorien; er besaß
selber eine reichliche Dosis der Fertigkeit des Helden,
dessen Erzählungen er aus Raspe's englischer Original=
abfassung übersetzte (freilich mordmäßig schlecht.) Ja er
hat den Münchhausen'schen thatsächlichen Aufschneidereien
sogar mehrere eigene untergeschoben; und daß man ihn
bei Raspe's Anonymität lange für den ursprünglichen

Verfasser hielt, ist höchst bezeichnend. Um wie viel mehr mußte er zu übertriebenen und erfundenen Darstellungen seines Schicksals hingerissen werden, wenn er sich aus allen Venen blutend erblickte! Ungezähmte Einbildungs= kraft raubte ihm gar häufig, was man gemeinhin Wahr= haftigkeit heißt, und leidige Beziehungen zu jener Species von Menschen, welche man Gläubiger nennt, die aber meist nur in Folge ihres Aberglaubens, daß sie bezahlt werden, sich als Menschen erweisen, zwangen ihm ein Exercitium des Gegentheils jener Tugend auf. Zwei= mal bereits hatten wir Gelegenheit zu bemerken, wie er in der ihm zur andern Natur gewordenen Gewohnheit, die Concretheit der Dinge in phantastische Gerinnung zu versetzen, sich und Andere täuscht, daß er der Un= wahrheit huldigt ohne sie als solche zu erkennen. In der sogenannten Beichte sagte er Elisen, er besäße weni= ger als nichts, wenn nicht so viele Grundstücke sein eigen wären, daß damit seine Schulden getilgt werden könnten. Dies war, ohne Verbrämung gesprochen, eine Lüge. Auf diesen Ländereien, von seinem Großvater er= erbt und im Halberstädt'schen gelegen, hafteten laut ge= richtlichen Ausweises schon damals so viele Capitalien, daß nach deren Abtrage nicht der dritte Theil der bis Ostern 1790 aufgelaufenen Verbindlichkeiten hätte ge= deckt werden können, wie der nach seinem Tode ange= strengte Concursprozeß — denn er starb durchaus insolvent — ergab. Allerdings ward seinen Kindern besage gerichtlicher Documente zur Zeit der Mündigkeit eine Summe von achttausend Thalern in — die eigen= thümlichen Verhältnisse sind mir unbekannt — un = g l e i ch e r Vertheilung ausgezahlt (nicht blos 4,800 Thlr. wie in einem nicht mehr existirenden obscuren Journale gänzlich entstellt angegeben worden). Daß aber dies geschehen konnte, war wahrhaftig nicht Bürger's Ver= dienst; jene Summe war der ihm von den Angehörigen seiner ersten Frauen energisch entzogene Rest des von ihm stark angegriffenen Vermögens derselben. Ohne diese mit sehr fatalen Erörterungen und Proceduren ver= bunden gewesene Intervention würde den Kindern auch nicht das mindeste baare Erbtheil übrig geblieben sein.

Er redete ferner Elisen und sich ein, daß er durch bloses Collegienlesen nicht unter fünfhundert Thaler, sehr wohl und leicht sogar tausend verdienen könne. Und doch mußte er die Göttinger Universitätsverhältnisse genügend kennen, um überzeugt zu sein, daß ein au ß er = o r d e n t l i ch e r Professor, der nicht einmal ein Brot= studium vertrat, sondern, wie sein Collee, der berühmte Georg Ludwig Böhmer sich ausdrückte, „Allotria" trieb, es selbst bei seinem Rufe kaum zu der Einnahme brin= gen würde, welche hier als geringste angegeben. Die ihm von Lichtenberg eröffneten rosigen Aussichten ver= wirklichten sich niemals, und Gleim's Abmahnung nach Göttingen zu gehen war eine wohlbegründete. Hätte ihm sein bloser Unterricht, wie er Elisen in der

Strafpredigt vom 29. November 1791 vorhielt, kein einziges Jahr unter sechshundert Thaler eingetragen, wie ist dann bis Ostern 1790 (von den folgenden Jahren zu schweigen) die fortwährende Steigerung seiner Schulden zu erklären? wie zu erklären, daß er von 1784 bis zu dem eben genannten Zeitpunkte vom Buchhändler Dietrich Vorschüsse bis zum allmäligen Betrage von 1500 Thalern entnahm, auf deren Erstattung aus dem Nachlasse — denn vorher war gar nicht daran zu denken — der brave Verleger zu Gunsten der hinterbliebenen Kinder verzichtete? Müßte er bei dem damaligen Geldwerthe und seinen sonstigen Einkünften nicht ein heilloser Verschwender gewesen sein, der er doch in diesem Sinne nicht war, obschon er sich ungern angenehme Genüsse versagte? Wirklich versicherte Elise, seine gesammte Einnahme wäre in der Zeit ihrer Verheiratung nicht über fünfhundert Thaler auf das Jahr zu veranschlagen. Freilich tarirte er in jener Strafpredigt das „verwichene Jahr" mit mehr als zwölfhundert Thalern, wovon dreihundert Thaler an Schulden abgetragen. Aber er hat diesem ausnahmsweise fetten Jahre eine mit unserer Zeitrechnung unverträgliche Reihe von Monaten angehängt, indem er die auf die Ankündigung der großen Ausgabe seiner Gedichte, welche bekanntlich von ihm nicht zu Stande gebracht wurde, nach und nach gezahlten Pränumerationsgelder von 205 Subscribenten — also 205 Louisd'or — in jene

Summe einschloß. Doch über den bei weitem größten
Theil dieser Gelder war schon vor seiner Verheiratung
mit Elisen verfügt, so daß er gar keine Berechtigung
hatte, ihr Wirthschaftsconto mit dem fetten Jahre zu
belasten. Zudem beklagte er es in derselben Epistel ja
selbst, daß der Zulauf zu seinen Vorlesungen nicht so
stark sei als zu den der andern Professoren, was
wahrscheinlich an den von ihm vorgetragenen Gegen=
ständen liege. Er selber berechnete an einer andern
Stelle seine Einkünfte für 1792 mit fünfhundert, aller=
äußerstens mit sechshundert Thalern in voraus.

Gleich hier sei übrigens bemerkt, daß Althof das
seiner Zeit in öffentlichen Blättern sehr bitter gerügte
Unterbleiben jener großen Ausgabe der Gedichte, worauf
Bürger doch 205 Louisd'or eingezogen, nicht wahrheits=
gemäß darstellte, indem er glauben machte, es habe der
Dichter davon Papier und Kupferstiche zur Herstellung
zu bezahlen die contractliche Verpflichtung gehabt. Dem
ist nicht so. Wie in dem gegen Reinhard geführten
Prozesse zur Sprache kam, hatte Dietrich das Verlags=
recht erworben, und zwar unter der Bedingung, daß er
so viele besondere Prachtabdrücke gratis abliefere, als
Bürger innerhalb einer bestimmten Frist darauf Pränu=
meranten sammeln würde. Dieser begnügte sich ver=
tragsmäßig mit den Pränumerationsgeldern (à 1 Louis=
d'or), wogegen Dietrich sich durch den Verkauf der auf
gewöhnlichem Papiere abgezogenen Exemplare für alle

Verlagskosten entschädigt halten sollte. Letzterer wurde
indeß an der Ausführung der übernommenen Verpflichtung
verhindert, da er trotz aller Mühen nie zum
vollständigen Manuscripte gelangen konnte.
Weiter erzählte Bürger in der sogenannten Beichte
der Braut, seine älteste Tochter werde in einer Pension
erzogen, wo sie ihm jährlich gegen hundert und zwanzig
Thaler koste. Sie koste ihm aber gar nichts, denn eine
Verwandte seiner verstorbenen Frauen leistete jenen Unter=
halt bis zu seiner Wiederverheiratung. Ja, so zu sagen,
mit halbem Leibe schon im Grabe konnte er dem Hange
sich und Andere mit falschen Thatsachen zu hintergehen
nicht widerstehen, indem er Althof's ärztliches Geschick
auf's Unwahrste in's übelste Licht stellte. Zwar wollte
Reinhard die Aechtheit dieses Schriftstücks anzweifeln,
sie ist jedoch auf's Evidenteste nachgewiesen worden.
Zu einer kaum glaublich vielgliederigen Kette ließen
sich die Belege dafür anreihen, daß im Punkte der
Wahrhaftigkeit der kategorische Imperativ
ebenfalls umsonst nach der Herrschaft über
Bürger's pathologisch habituellen Sinnenzug
rang. Allein für unsern Zweck genügen die obigen
schon hinreichend. Sie darüber hinaus zu vermehren
dürfte mit Recht hämisch erscheinen.
Wie derb indeß auch Bürger gewesen, um auf diesen
Punkt zurück zu kommen, in welch' kräftigen Kategorien
er sich häufig bewegte, wie er sich in den delicatesten

Dingen immer benommen haben mag, daß Elise das
Epitheton „gemein" wählen durfte, nichts zeugt dafür
— und wir perhorresciren es feierlichst — daß er nach
außen hin sich in einem Pfuhle gewälzt haben sollte,
der jedwede Scham und Scheu erstickend sich im Jargon
der niedrigsten Bordell- und Matrosenschenken ergießt.
In diesem Stile verfaßte Briefe wagte Reinhard als
Bürgersche auszugeben! Wie? Er sollte der Frau Hahn,
die er achtete, die er „gute Mutter" nannte, von deren
Einfluß er sich die besten Wandlungen im Charakter
Elisens versprach, einer feingebildeten Matrone in Er-
brechen erregender, unflätigster Nacktheit geschrieben
haben, wie oft er geschlechtlichen Umgang mit seiner
Frau gepflogen? Geschrieben, sie wäre nicht rein in
seine Hände übergegangen, sie habe sich vor der Ehe
vermuthlich mittelst des „C — — lassen"? zumal er acht
Tage nach der Trauung derselben Mutter entzückt mit-
theilte, er wäre mit einem „Seraph von Leibesschönheit
und Reinheit begnadigt"? Fürwahr in solchen sterco-
rosen „Aktenstücken" wird uns die Interpolation,
die Erfindung, vielleicht auf einige gesprächsweise hin-
geworfene unmuthig crasse Worte gebaut, handgreiflich!

Ist nun unseres Erachtens die Umfassung des An-
klagebaues in ihrer ganzen Länge und nach allen Seiten
hin geborsten, so würden wir doch für unsere Gefan-
gene nur noch wenig erobert haben, stünden uns keine
andere Widder und Sprenggeräthe in Bereitschaft.

Bürger hielt Elisen einen „Spiegel“ vor, in welchem sie sich nach seiner Meinung als Gattin, Hausfrau und Mutter verurtheilt erblicken sollte. Aber es giebt männiglich bekannt sehr viele schlechte Spiegel, die unsere Gestalt verkürzt oder verlängert, zu schmal oder zu breit, zu lebhaft oder zu matt, ja ganz verfratzt zurückstrahlen. Prüfen wir unsers Dichters Spiegel, und wir werden sehen, daß er weder rechtes Geschick noch rechten Beruf zur Anfertigung solcher Dinge hatte. Er gab ihr den Rath von Haus zu Haus, bei Feind und Freund zu fragen, ob sie getroffen sei, und wenn auch nur ein vernünftiger und rechtschaffener Mensch, der sie kenne, nein rufe, solle der Pöbel des Spiegels Werkmeister mit Koth bewerfen. Gewiß, ein armseliger, stümperhafter Menschenkenner blos kann solch' absurden und unverständigen Rath alles Ernstes ertheilen und eine so übereilte Eventualität beschwören. Doch so war es auch nicht gemeint, es war nur das zornige Rasseln einer leeren Scheide: Phrase.

Nie haben zwei Menschen den verantwortlichsten und schwersten aller gemeinsamen, in den Folgen nicht sowol von Uebereinstimmung der Charaktere als von der Möglichkeit harmonischer Vereinbarung der Gegenstände in denselben abhängigen Schritte in unbesonnenerer, verblenderer Eilfertigkeit gethan als unser Dichter und die Schwäbin. Ihn allein aber, den gereiften und geschulten Mann, müssen alle Vorwürfe treffen, die man

deshalb erhoben hat oder erheben kann, keiner darf gegen
das junge, kaum in's Leben getretene, unerfahrene, noch
durch keinen einzigen Schicksalsschlag zu nüchterner Er=
wägung und Herabstimmung der Scala seiner enthu=
siastischen Seele gedrängten Mädchens gerichtet werden.
Nicht leicht ein anderer Mann seiner Bildung und seiner
Erlebnisse hätte das Band der Liebe zum ehelichen
Knoten geschürzt ohne seine Vestigkeit zuvor an längerem
persönlichen Umgange erprobt zu haben, zumal wenn
wie hier das Bedürfniß der Erzieherin und Hausfrau
maßgebend sein sollte; zumal wenn, wie Bürger deut=
lich erkannte, jene Liebe vorerst in schwärmerischer Be=
geisterung für geistige Bethätigungen und in nichts
Weiterem bestand. Und tausend andere Männer unter
seiner Bildung und sogar leer an mahnenden Erlebnissen
würden mehr Gewissen, ja selbst mehr Menschlichkeit
besessen haben, als das sie einem jungen, lebenslustigen
Mädchen strenge Durchführung der Mutterpflichten für
drei fremde Kinder hätten zumuthen sollen, zumal unter
so erschwerend bestellten ökonomischen Verhältnissen.
Wenn dann solche, geläuterte Motive überspringende
Schnellfertigkeit, Gewissen= und Mitleidslosigkeit in gäh=
render Sinnenlust das Freudenfeuer von den Bergen
herunterholen und neben den verglimmenden Stumpf
auf das Herdgerülle ihrer Laren und Penaten stellen,
dann können wir nur kühl mit den Achseln zucken, wenn
das Haus darüber in Flammen und Schutt geräth,

und dürfen nicht über das Feuer schelten und schreien,
das auf die Berge gehörte.

Freilich hat man der Schwäbin jede Zulässigkeit
einer Rechtfertigung oder Entschuldigung abschneiden, sie
schlechterdings für ihren Schritt verantwortlich machen
wollen, nachdem der, dessen Leben in beständigem Wider=
spruch, ihr eine allumfassende Schilderung seiner innern
und äußern Zustände zu reiflicher Ueberlegung vorge=
halten; und er selber pochte darauf. Aber mit der
Narrenpritsche sollte man diese Leute aus dem Ringkreise
der Richter über Andere stoßen und in den Elementar=
unterricht über das Wesen des Menschen verweisen, i h n
hingegen bedauern, denn jene Schilderung und das Dicke=
thun darauf waren das sicherste Symptom seines den
Jahren nach vorzeitig herannahenden geistigen Bankerots,
und nichts weniger als ein durch Treuherzigkeit noth=
wendig rührendes, durch Geradheit und Biederherzigkeit
ergreifendes Bekenntniß. Wäre eine rein conventionelle
Ehe, oder ein Bündniß „auf diesem nicht mehr unge=
wöhnlichen" aber dennoch ganz infamen Wege des
öffentlichen Gesuchs eingeleitet worden, dann erst könnten
wir seine Selbstschilderung eine unschätzbare Urkunde
nennen, welche als Trumph gegen Elise von Bürger
und seinen Partisanen ausgespielt werden durfte. Allein
wo Liebe vom Menschen vollen Besitz genommen, da
sind Raisonnements leere Austerschalen.

„Illuc praevertamur amatorem quod amicae
Turpis decipiunt caecum vitia, aut etiam ipsa haec
Delectant — — — —"

Diese Worte des Horaz sind auf den andern Theil
bezogen erfahrungsmäßig von noch viel größerer Wahr=
heit, was seinen allgemeinen Grund in der Eigenartig=
keit der Geschlechter hat, wonach das den Mann zum
Weibe Hinziehende nicht die bestimmte Person, sondern
deren Qualität, nicht sowol das einzelne Weib ist, als
das in und an ihm zur Erscheinung gelangende Weib=
liche, wogegen das Weib die positive Ergänzung seines
Wesens nicht im schlechthinig Männlichen, sondern in
der individuellen Besonderheit, in einer bestimmten ein=
zelnen männlichen Persönlichkeit sucht. So ist es auch
zu verstehen, wenn Bulwer sagt, die Liebe sei dem
Manne ein Roman, dem Weibe die Welt.

Ein von Liebe ganz erfülltes Weib wird für die
Mängel und Gebrechen des Geliebten gar kein Auge
oder ein sehr blödes haben. Ja sie werden sogar als
besondere Reize erscheinen, selbst wenn sie Andern Wider=
willen einflößen. Erzählungen Dritter darüber weist es
als unberufen und verleumderisch ab, seine eigenen
Schilderungen derselben als Uebertreibungen. Und wenn
es wirklich Fehler und Schwächen als solche erkennt,
erfasst es sie als Medium der Einflußerringung über den
Geliebten. Es ist ein der weiblichen Natur eingebornes
Streben den Mann nach ihren Wünschen zu bilden, ihr

höchster Triumph das Gelingen dieses Strebens. Unsere
Schwächen lediglich sind die Hebel, mittelst deren sich
eine liebende Gefährtin zur Ebenbürtigkeit und Unent=
behrlichkeit aufzuschwingen sucht. Wäre ein Mann ohne
Schwächen denkbar, er würde vom Weibe ungeliebt da=
hingehen. Ist nun vollends die Liebe so abstracter Art
wie die Elisens, setzt sie sich um so sorgloser über alle
Schattenseiten hinweg. Daß Bürger nach Lesung seiner
Selbstschilderung sofort und ohne alle Erwägung irgend
eines Punktes zur förmlichen Werbung ermuntert ward,
ist, bedürfte es dessen noch, ein schlagender Beweis für
den ebenso idealen als wahnvollen Zug ihres Herzens.
Denn jede minder hochgehende Neigung hätte sich nach
dem Inhalte jener Beichte, sofern er des Commentars
ledig blieb, aus allen Wolken gestürzt fühlen müssen;
nach einer Beichte, welche in einigen Stellen nicht den
Vierziger, sondern jene physische Lebenswandlung ver=
räth, wo der Meinung des Anatomen Bock zufolge
Cerebral=Hydropisie sich meldet; welche in andern Stellen
eines Pferdehändlers aber keines Dichters würdig, und
in noch andern geradezu schamlos ist. Nicht rührend
sondern beleidigend, nicht treuherzig sondern absurd, nicht
ergreifend sondern abstoßend muß diese Beichte in Form
wie Tenor auf jeden unverliebten Verstand wirken.

Hatte er aber nicht der Frau Ehrmann geschrieben,
es dünke ihm Pflicht sich lieber in's Häßliche als in's
Schöne zu malen? Und sollte irgend Jemand meinen,

Frau Ehrmann hätte dies verschwiegen? Sie hätte nicht wo es nöthig schien jeden bedenklichen Passus zu seinen Gunsten überfirnißt? So ward also von ihm selber vorweg der Eindruck des Nachtheiligen paralysirt, Elise vornweg ermuntert aus dem Häßlichen in's Schöne zu übersetzen. Ja es gehörte wenig Spürsinn dazu herauszufühlen, daß er dringend den neuen Bund begehrte, und so sehr er sich anstellte als ob er hemme, doch zum Ziele drängen wollte.

Sehr bald sollten ihn, wie sie schrieb, „die Schuppen von den Augen fallen"; sehr bald sollte sie zu ihrem Erschrecken erfahren, daß sie ihre Liebe zum Dichter mit der zum Menschen verwechselt hatte, sie auf diesen nicht zu übertragen vermochte; und von diesem Augenblicke an war ihre Ehe eine innerlich und also wesentlich schon gelöste Ehe — der Fortbestand an sich schon Ehebruch.

Als er nach Ostern 1790 einige Tage in Stuttgart weilte, zeigte er sich ihr, wie bemerkt, in einer Geistesfrische und strahlenden Liebenswürdigkeit, welche die leiseste Ahnung einer Selbsttäuschung fern hielt. Allein dieser Aufwand, der sie in ihrem Rausche bestärkte, war gleichsam nur die verschwenderische Hingabe des Restes eines ehemaligen Vermögens, es waren blos Obolen gewesen, was sie für Gold und Ausfluß dauernden Reichthums gehalten. Er hatte sich zu einer Rolle angestachelt und aufgeputzt, die er nicht durchführen konnte,

und seine Unfähigkeit bekundete sich in der abstoßendsten
Weise. Sie träumte sich einst wie Molly schwärmerisch
geliebt zu werden, und sein Herz war ein mattglim=
mender, blos flüchtig zu Sprühfunken aufgeblasener
Aschenhaufen, er als Gatte ein Philister, der es bald
nicht über hausbackene Zuthulichkeit treiben konnte. Sie
strotzte von elastischer Beweglichkeit, und Er war in der
That phlegmatisch trocken, hölzern, unbeholfen und pe=
dantisch. Sie war feinfühlend, und er derb bis zur
Rohheit; er weckte — wir dürfen es nicht verschweigen
— ihre Sinnlichkeit auf's Aeußerste, er war, wie Elise
einer Freundin züchtig verblümt bekannte und Reinhard
am berufenen Orte in erschreckend nackten Worten be=
kräftigte, in den ersten Wochen seiner Verehelichung
unmäßig und ausgeartet in geschlechtlichem Umgange,
und konnte, was zu erwarten stand, ihr bald nicht
mehr genügen. Sie war keusch trotz aller Glut, und
er — „gemein“. Sie erkannte in wenigen Monaten
mit Entsetzen die einem Weibe immer furchtbare That=
sache, daß er nicht blos ihr, vielmehr in jeder Hinsicht
zu alt sei, und daß die Weihe des Dichters den
Menschen vergessen, verlassen oder überhaupt nur kaum
angehaucht hatte. Seines Seins besserer Theil schlum=
merte offenbar schon bei Molly im Grabe. Elise wan=
delte zur Seite einer Ruine. Sanguinisches Tempera=
ment indeß benahm der leidigen Erkenntniß den bittern
Geschmack, und angeborne Weichheit des Gemüths

hinderte sie, dem Gatten mit Abscheu zu begegnen, wenn-
gleich sie beständig wachsende Gleichgiltigkeit gegen ihn
nicht gänzlich zu unterdrücken vermochte. Ihm entging
dies nicht; wohl aber, daß er nicht fordern durfte, was
er selber nicht zu gewähren vermochte.

„Wo ein Mahl ist", sagt Swift, „da sammeln sich
auch Hunde, um, wenn nicht das ganze Mahl, doch
Knochen zu erschnobern und zu haschen". Wo sich
irgend ein ausgezeichneter Mensch geltend macht, ja blos
einzelne Vorzüge scharf hervortreten, da stellt sich auch
der blödsichtige Neid ein und dicht auf seinen Fersen
die geifernde schlinggierige Schwester Verleumdung.
Wer je von ihnen verschont blieb, der rechne sich getrost
zum Schund der Schöpfung dieses Planeten. Aber je
mehr wir Licht um uns breiten, um so erkennbarer sind
auch die Motten und Chrysaliden, welche sich vornehmlich durch früheste Erziehung und äußere Verhältnisse
in die Falten unseres Wesens setzen und niemals gänzlich vertrieben werden, wie sehr immer spätere Schicksale
uns klopfen und ausstäuben mögen.

Bürger genoß im socialen Leben weder die Achtung
noch Bedeutung, die Elise in ihrem eigenen Interesse
wünschte. Er war ja nur ein außerordentlicher Professor, und noch dazu Lehrer der schönen Wissenschaften.
In welchem Cours diese auf dem Börsenzettel der gelehrten Göttinger Zunft standen, beweisen sehr treffend
ein paar Anekdoten. Als er sich 1789 unter ausdrücklicher

Verzichtleiſtung auf Gehalt, ohne welche ſein Bemühen
vergebens geweſen wäre, um ein öffentliches Lehramt
bewarb und deßhalb auch dem berühmten Georg Ludwig
Böhmer ſeine Aufwartung machte, bemerkte dieſer: „Nicht
wahr, Sie haben unter andern ein Calendarium mu-
sarum edirt? Meine Tochter ſagte mir, es ſei ſehr
niedlich, denn ich ſelber leſe dergleichen Lap=
palien nicht.“ Und als Bürger eines Tags in
Gegenwart deſſelben Böhmer einige ſeiner ungedruckten
Gedichte vorlas, äußerte er: „Ich muß geſtehen, Sie
haben einen ungemeinen Habitum in dergleichen Al-
lotriis. Wo nehmen Sie denn alles das Zeug her?“
Käſtner und Lichtenberg dachten freilich anders, doch ſie
beſtimmten nicht einmal die Mehrzahl ihrer Collegen,
geſchweige das Publicum. Er galt immer nur für einen
halbſchürigen Profeſſor, und ſeinen Mangel an gründ=
licher Wiſſenſchaftlichkeit mußten ſelbſt Wohlwollende
eingeſtehen. Mehr jedoch ſchadeten ihm in bürgerlichen
Kreiſen die ihm nachgerechneten „moraliſchen“ Fehler,
und vor Allem, daß er ein ſchlechter Bezahler und un=
aufhörlich verſchuldet war. Die große Menge beugt
ſich in tiefſter Reverenz vor dem Geldſacke, ob auch ein
vollendeter Schurke und Dummkopf darauf ſitze, und
rümpft hochmüthig oder verächtlich die Naſe vor dem
Genius, der die Räume eines Gottes erklimmt, auf
dieſer Erde aber ein nackter Pilgrim bleibt. Außerdem
verſtand es Bürger ganz und gar nicht aus ſich etwas

9*

zu machen, sich auch den ihm gebührenden äußern Rang zu ertrozen.

Zur Beseitigung dieser simpeln und zweideutigen Stellung verfiel Elise auf das Mittel, das ihrem leb= haften Naturell, ihrem jugendlichen Hange und ihrer Gewohnheit am meisten entsprach: sie eröffnete, wie man zu sagen pflegt, ein Haus, gab Gesellschaften, zog ihren Mann in Gesellschaften um ihm Verbindungen zu ver= schaffen, und trieb einen Aufwand, der sich allerdings nicht mit den Einkünften des Dichters vertrug, der aber dennoch keineswegs seinen Glücksstand untergrub, wie man behauptet hat, da sie diesen Aufwand aus eigenen Mitteln bestritt.

„Bürger" — schrieb sie gelegentlich an Kosegarten — „durfte nicht klagen, daß ich seine Einkünfte vergeudete; sie reichten nicht einmal zur Bestreitung eines einfachen Hauswesens aus, wenn Sie bedenken, wie hart er fortwährend von Gläubigern bedrängt wurde, die er nicht immer abweisen konnte, sondern dann und wann mit Etwas beschwichtigen mußte. So habe ich denn in den ersten zwölf Monaten unserer unglücklichen Ehe 1500 Fl. meines eigenen mitgebrachten Vermögens ver= ausgabt."

Genau dieselbe Angabe findet sich in ihrem Briefe vom 21. April 1808 an den Stiefsohn Emil Bürger.

Je gleichgiltiger oder kälter sie nun gegen den Mann ward und werden mußte, der den Frevel begangen ein junges Wild in seinen verödeten Hag zu locken, um so mehr wurden ihr, der ohnehin weder von Natur noch Erziehung an Vereinsamung und Zurückgezogenheit Gewöhnten, Gesellschaften, Zerstreuungen und Vergnügungen ein Bedürfniß, eine nothwendige Entschädigung für die schwerste aller Enttäuschungen. Daß sie darüber dem Manne viele Aufmerksamkeiten vorenthalten und geordnete Beaufsichtigung der Wirthschaft, im elterlichen Hause ihr stets ein uneingeweihtes Gebiet, vernachlässigen mußte, ist selbstverständlich. Und diese Gesellschaften sammt den zunehmenden, vom Dienstpersonal ausgetragenen Zwistigkeiten des Ehepaars dienten der Verleumdung um so willkommener zum Stoff, in je freierer, wie man meinte die Grenzen erforderlicher weiblicher Zurückhaltung überspringender Weise sie sich dabei benahm. Ihrem raschen Temperamente und ihrer Jugend wollte man nichts zu Gute halten. Und auch dem außerordentlichen Professor sollte ein Haus nicht verziehen werden, das sich kaum ein ordentlicher in Göttingen jemals gestattete. Bald drang der anfängliche Leisetritt neidischer, unnachsichtiger und verleumderischer Mißbilligung mit lautem Schall an Bürger's Ohr, den ehelichen Zwiespalt auch äußerlich mehr und mehr erweiternd.

Wo sich wunderbare Schönheit mit Grazie, imponirender Bildung und originellem Wesen vereinigten mußte natürlich vornehmlich die Männerwelt auf's Stärkste an-

gezogen werden. Als sie zur Aufbefferung und Be=
streitung der wirthschaftlichen Bedürfniffe die Absicht aus=
sprach, Tischgänger zu nehmen, drängten sich so viele
Studirende und junge wohlhabende Leute, die sich Stu=
direns halber in Göttingen aufhielten, herbei, daß sie
nicht wenige Anbieter aus localen Gründen zurückzu=
weisen genöthigt war. Kein Wunder, daß man ihr den
Hof auf alle Art und Weise machte, daß man sie in
Liebesnetze zu verstricken suchte und — verstrickt ward.
Es wäre unmenschlich, gegen ein so junges, getäuschtes
und liebebedürftiges Weib deshalb den Stein der Ver=
dammung zu schleudern; denn nicht einmal ihrem Selbst=
gefühl und ihrem Ehrgeize vermochte Bürger zu genügen.
Vergebens bemühte sie sich ihn aus einer Trägheit
empor zu reißen, welche Alles gethan zu haben glaubte,
als sie die erbetene unbedeutende Profeffur erlangt und
nun in nichtiger Beschönigung und grundverkehrter
Eitelkeit darauf wartete, daß ihr Gott das Beffere noch
im Schlafe bescheeren werde. In der Regel war es
immer so in der Welt: wer nicht selbst vorwärts trieb,
blieb hintenan, und wenn Viele aufwärts bequem ge=
krochen, so hat doch auch gar Mancher seine Höhe
errudert, erobert in saurem Schweiße. Unfleiß (immer
beschäftigt sein heißt noch nicht fleißig sein) und Indolenz
allein, umsonst von Bürger abgeleugnet, brüsten ihr Zu=
rückbleiben mit der hoffärtigen Unfähigkeit „sich die Beine
abzulaufen" und „um Hans und Kunz zu schwänzeln".

Erst ein volles Jahr nach seiner Scheidung, unterm
6. März 1793, that er einen der Schritte, welche ihm
Elise zur Befreiung aus precairer Lage wie zur Hebung
seiner äußern Geltung angerathen; und widersprüchlich
gerade den zuerst und allein, welchen sie als den letz=
ten bezeichnet hatte, nämlich den einer Supplik an die
Regierung. Sie ist in jeder Hinsicht so beachtenswerth, daß
sie hier dem Wortlaute nach zum Abdruck gelangen kann.

„Königlich = Großbritannische zur Churfürstlich Braun=
schweig = Lüneburgischen Landesregierung Hochverordnete
Herren Geheime Räthe,

Hochgeborne Reichsgraf und Freiherren,

Hochgebietende, Gnädige Herren.

Die mir vor viertehalb Jahren gnädigst aufgetragene
außerordentliche Professur der Philosophie auf der hiesi=
gen Universität habe ich zwar damals ohne Gehalt,
jedoch nicht ohne die billige Hoffnung dazu übernommen
und bis hieher nach dem Maße meiner Kräfte verwaltet.
Weil ich unter allen Diensten, welche die hiesigen Lehrer
der Universität leisten, auf die meinigen gewiß selbst den
geringsten Werth lege, so habe ich mich bisher nicht nur
dabei beruhigt, daß ich vielleicht unter allen der Einzige
bin, der ganz ohne Gehalt dient: sondern würde auch
ferner, wenn gleich noch so lange, in bescheidener Stille
gewartet haben, bis Ew. Excellenzen aus eigener hoher
Bewegung meine Hoffnung einmal zu erfüllen geruht
hätten. Allein Umstände nöthigen mich jetzt, meinem

Charakter selbst Gewalt anzuthun, und Hochdero Groß=
muth mit einer unterthänigen Bitte anzugehen, die den
Verdacht einer unbescheidenen und lästigen Andringlich=
keit erwecken könnte, wenn nicht eine unbefangene Dar=
stellung meiner Lage mir dagegen das Wort reden müßte.

Das Glück ist mir in meinem ganzen Leben gar
wenig günstig gewesen. Zwölf Jahre lang habe ich bei
einer sehr magern Gerichtshalterstelle auf dem Lande ein
ansehnliches Vermögen zusetzen, und nachher wieder bei=
nahe neun Jahre ohne alle Besoldung, ohne Vermögen,
von geringem Erwerbe aus akademischen und literarischen
Arbeiten mich durchbringen müssen. Ich enthalte mich,
andere unverschuldete, meinem Vermögen, so wie meinem
geistigen und leiblichen Wohlsein höchst nachtheilige
Lebensverhältnisse zu erwähnen.

Hätte ich Niemand weiter als blos meine eigene
Person zu versorgen, so würde ich, so lange mir nur
noch eine einzige Kraft zu irgend einem Geschäfte übrig
bliebe, nicht leicht einem Sterblichen mit meinen Be=
dürfnissen beschwerlich fallen. Allein ich habe vier un=
erzogene Kinder, deren Versorgung mir obliegt, und oben=
drein noch Schulden, ohne deren Bezahlung es mir bitter
ist zu leben, und noch bitterer dereinst sein würde, aus der
Welt zu scheiden. Die letzten sind zwar nicht so be=
trächtlich, daß ein Mann, der nur ein bis zwei hundert
Thaler jährlich erübrigte, sie nicht in einigen Jahren
tilgen könnte. Weil ich aber in meiner jetzigen Lage

gar nichts zu erübrigen vermag, so müssen mir auch
unerhebliche Schulden zu einer großen und drückenden
Last gereichen. Tägliche sowol als nächtliche Sorgen
und Unruhen, die mir hieraus erwachsen, zehren an
meinen edelsten Kräften, die ich doch wol weit würdiger
zum Nutzen der hiesigen Universität und der Literatur
unseres Vaterlandes verwenden könnte.

Diese Lage scheint es nicht nur zu entschuldigen,
sondern mir es sogar zur Pflicht zu machen, daß ich zu
Ew. Excellenzen hoher Gnade meine Zuflucht nehme
und unterthänig bitte, mich baldmöglichst mit einem nur
einigermaßen unterstützenden Gehalte zu erfreuen. Auch
darf ich wol nicht fürchten, daß diese Bitte ihre Wirkung
auf Hochdero vorsorgende Großmuth verfehlen werde,
wenn gleich Schüchternheit und Delicatesse mich abhalten
sollten, dieselbe künftig eben so oft, als vielleicht andere,
anders als ich organisirte Bittsteller, zu wiederholen.
Gesetzt daher auch, die Umstände gestatteten es nicht,
mein Gesuch sogleich zu erfüllen, so würde mir doch
schon eine gnädige, Hoffnung gebende Resolution von
großem Werthe sein, und ich würde glauben, Ew. Ex=
cellenzen Huld durch nichts würdiger ehren und das
Gefühl meiner Dankbarkeit durch nichts mehr adeln zu
können, als durch das stille Zutrauen und die bescheidene
Geduld, womit ich einer gewissen Erfüllung zur ge=
legenen Zeit entgegen sähe. In diesen Gesinnungen
ersterbe ich in tiefster Ehrfurcht Ew. ꝛc."

Bürger erhielt hierauf nach Aussage seines Sohnes
Emil ein Gnadengeschenk von hundert Thalern in Gold
mit dem Bemerken, daß die dermaligen Zeitumstände
nicht gestatteten, ihm einen firen Gehalt zu gewähren,
daß man sich aber seines Gesuchs erinnern würde, so=
bald die Beschaffenheit der vorhandenen Geldmittel und
anderer Verhältnisse dies thunlich machten. Hoffnungen
zu einer Gehaltsertheilung habe ihm übrigens die könig=
liche Regierung von vornherein nothwendigerweise be=
nehmen müssen, und seine in der Supplik betonten
billigen Hoffnungen wären deshalb ohne allen thatsäch=
lichen Grund. Er hätte sich durch eigenhändig unter=
zeichneten Revers mit dem blosen Professor=Charakter
begnügen wollen. An seiner Lage trage die Regierung
somit keinerlei Verschuldung.

Die kurze Bemerkung, mit welcher Bürger den Be=
scheid hingenommen haben soll, kann hier aus ästheti=
scher Rücksicht nicht wiedergegeben werden.

Verleumdung und Schadenfreude hatten also, um
zur Sache zurückzukehren, nun das volle Spiel in der
Hand, und bedienten sich ihrer Karten meisterhaft. Alle
weibliche Tugenden sollten Elisen zum größten Behagen
Derer fehlen, die Bürgern ein solches Weib vornweg
mißgönnten.

Ja — wir verlieren keine Waffe aus der Hand,
wenn wir es gestehen — sie war leichtfertig, vergnügungs=
süchtig, eine flatterhafte Hausfrau, ihre Liebesaffairen

anstößig. Aber wer weder ihre Erziehung, noch ihre
Jugend, noch ihr Wesen vergißt; wer es nicht vergißt,
wie sie umgarnt worden um an den morschen Grenz-
pfahl, Bürger genannt, gepflöckt zu werden, der darf
sie nicht verurtheilen, der muß sie entschuldigen,
ihr verzeihen. An der Seite eines Mannes, der im
damaligen Stadium seines Lebens weder Idealität oder
auch nur edlern Schönheitssinn noch männliche Würde
und sittliches Maßhalten zu bethätigen vermochte, konnte
eine derart beanlagte und entwickelte Individualität als
die Elisens nicht anders werden als sie ward, ganz abgesehen von den übrigen mitwirkenden Umständen.

Sollte sie auf die rechte, oder auf eine von Bürger
gewünschte Bahn zurückgeleitet werden; sollte eine har-
monische Ineinsbildung mit seinem ihr antipathischen
Wesen noch in der Möglichkeit gelegen haben, so war
die von ihm gewählte Weise die allerungeeignetste. Gerade
an einem Tage, den sie im heimatlichen Kreise stets
„in Heiterkeit, Liebe und besonderer Stimmung" verbracht,
vergaß er, daß sie ihn in allgemeiner Bildung weit über-
traf, und daß sie trotz manches herben gegenseitigen
Straußes infolge oft grundverschiedener Ansicht über
Dinge des Lebens und des Wissens, namentlich auch in
relgiöser Hinsicht, und trotz aller Herzensabneigung ihm
hinterher stets gütig und höflich begegnet war, immer
zugänglich mildem Tone, doch starr gegen Eigensinn und
Rauhheit. Statt sich zu ihrer Geburtsfeier mit allmäli-

gen sanften Vorstellungen persönlich zu nahen, schrieb er
ihr einen Brief, den Grobheit, Hohn und unmännliche
Sentimentalität dictirt hatten. Solche Gratulation konnte
sie wahrlich nicht geneigt machen, dem ungeliebten und
aller Liebenswürdigkeit baren Manne zu Herzausschüt=
tungen eine Gelegenheit darzubieten, die er sich obenein
selber nehmen konnte. Denn auch ohne die entgegen=
lautenden Aeußerungen Elisens müssen wir den Argwohn
für ebenso abgeschmackt als unbeholfen erachten, daß er
wegen beständiger Anwesenheit ihres vermeintlichen
„Hauptbuhlen" keine Gelegenheit zu persönlicher Rück=
sprache gefunden. Was dann folgte, wissen wir, wenn
wir es auch nicht ganz genau wissen. Viele Stellen
der Epistel vom 29. November 1791, wie sie Reinhard's
„Ehestandsgeschichte" enthält, sind nach Elisens Versiche=
rung gemildert, einige derer, „welche alle Würde
eines gebildeten Weibes mit den kothigsten Stiefeln zer=
treten", ausgelassen. Doch wie immer: jene Straf=
predigt ist ein Gemisch von ekelerregender Selbstfrei=
sprechung, verblendeter und plumper Selbstgefälligkeit,
jämmerlicher Kleinlichkeit, schreiender Ungerechtigkeit —
Wahrheit und Lüge. So schlecht war die Schwäbin
nicht im Entferntesten als sie sich dort hingestellt sah;
und sollte sie wirklich auf den Weg „der Pflicht" zurück=
geführt werden, hätte er ihr wenigstens Ein gutes Haar
zugestehen sollen, denn dies besitzt jeder Mensch ohne

Ausnahme. In dieser Strafpredigt ist kein Gran von Menschenkenntniß offenbart worden.

Wie nun Elise selbst bekennt keine gute Wirthin gewesen zu sein, weil sie nicht die mindeste Anleitung dazu erhalten, so bekennt sie übrigens auch, sich ihrem eigenen Kinde nicht als solche Mutter erwiesen zu haben, wie sie es nachmals wünschte und wirklich war. Aber der Knabe Agathon, den sie geboren, trug den Namen des Mannes, den sie nicht mehr liebte, „er war häßlich wie die Nacht", und einige Wochen nach seiner Geburt hörte sie Althof zu Bürgern heimlich sagen, er befürchte, das Kind habe den Fehler einer organischen Stupidität. Gewisse Symptome schienen ihm darauf hinzudeuten, und seine trübe Vorhersicht bewährte sich leider vollständigst. Sie jedoch betrachtete dies Unglück als eine Folge seiner frühern geschlechtlichen Ausschweifungen, in welchem Argwohne sie Althof bestärkte, und es darf uns daher keineswegs befremden, daß sie von Zärtlichkeit eben nicht überströmte. Zu seinem körperlichen Gedeihen vernachlässigte sie inmittelst nichts; er ward groß und stark, und mit verdoppelter Kraft weihte sie dem von der Natur geistig verwahrlosten Sprößling nach Bürger's Tode ihre Liebe. Althof, der Specialvormund, gestattete ihr die gänzliche Obhut. Alle ihre Sorge ging darauf hin, ihm durch Ansammlung eines Capitals „ein sicheres wenn auch kleines

und bescheidenes Loos zu bereiten." Sie betete zum
Himmel, „daß er seinetwegen ihren Fleiß segnen möge."
Als sie ihre nachmalige theatralische Laufbahn in Dres=
den fortsetzte, übergab sie ihn dem dortigen Erziehungs=
institute des Magister Lange, wo er aber im Jahre
1809 alle mütterlichen Anstrengungen überflüssig machte,
da er in Folge einer heftigen Erkältung unerwartet
verschied.

Nach einem so rohen, auf's Crasseste übertreibenden,
alle Saiten ihres Gemüths schonungslos zerreißenden
Briefe ist ihr längeres Verweilen an seiner Seite wahr=
haft erstaunlich, nicht aber, daß sie ihrem empörten Her=
zen Luft gemacht und, wie sie sagt, nach Art des
Sprichworts, auf einen groben Klotz gehöre ein grober
Keil, antwortete. Doch erkannte sie die bei Reinhard
abgedruckte Erwiderung nicht als die ihrige an.

Gereiztheit, Mißtrauen, Eifersucht setzten inzwischen
neben der tausendzüngigen Fama ihr Werk fort, und da
Elise eine angeborene Güte niemals lange verleugnen
konnte, forschte sie der angethanen Schmach vergessend
ihn selber nach seinen ersichtlichen Leiden aus. Und so
kam es denn zu jener hochtragischen, erschütternden Scene,
von der jedoch Bürger eben so wenig denn sie mehr als
im Allgemeinen berichten konnte, so daß wir die Nieder=
schrift bei Reinhard mindestens als ein Product einbildneri=
scher Erfindung betrachten müssen. „Ich erinnere mich
nur", heißt es in ihren Papieren, „daß er mir unaus=

sprechlich leid that, daß ich ihm Alles versprach was zu seiner Beruhigung dienen konnte, daß ich ihm jedes Opfer zu bringen entschlossen war. Was ich ihm aber auch versprochen haben mag, eins hatte ich gewiß mit gutem Gewissen geschworen, nämlich daß ich noch keinem andern Manne das Recht gestattet, welches ich dem Ehemanne schuldete."

Doch ein wirklicher Friede konnte nach Lage der Dinge um so weniger geschlossen werden, als Bürger nach wie vor den zum Theil schadenfrohen Hetzereien und Einflüsterungen Anderer williges Gehör lieh, und Elise sich dennoch nicht überwinden konnte angeknüpfte intime Verhältnisse, die, nach ihrem eigenen Geständniß, mehr ihrer Eitelkeit schmeichelten als ihrem unbefrie= digten Herzen genügten, sofort abzubrechen, wie er na= mentlich durch Bestechung einer leichtfertig in ihr Ver= trauen gezogenen geschwätzigen Magd, aus Briefen, mittelst heimlicher Erbrechung einer Commode seiner Frau erlangt, und, wie letztere zugegeben, einem von ihm belauschten vertraulichsten tête à tête bestätigt fand.

So ward denn das widernatürliche Band endlich für immer zerrissen. „Nie aber," versicherte sie, „habe ich mich mit einem Ehebruche befleckt." Er wollte sie auf der That eines solchen ertappt haben. Ihn be= haftete einmal eine förmliche Manie über das Ziel hinauszugreifen. Im Scheidungsprocesse kam das um=

ständlich zur Sprache, ward jedoch vom Richter als *„nullius testimoniis confirmatus"* abgewiesen.

Ob es wahr ist, daß ihre Abreise von Göttingen der Eile bedurfte, weil sie Gefahr lief vom Pöbel insultirt zu werden, wissen wir nicht. Bedeuten will es jedenfalls nichts, denn der Pöbel ist allezeit und in aller Welt be= reit in einem Athem Kreuzige! zu schreien und Hosiannah zu rufen. Das jedoch wissen wir aus gelegentlichen Aeußerungen achtbarer Personen, daß wenn Bürger um ein Erhebliches in der öffentlichen Achtung während dieser entsetzlichen Ehe sank, da man in Wahrheit ihn als Hahnrei bildlich verspottete und Schmählieder auf ihn dichtete, einige Zeit nach der Scheidung in Göttingen viele Stimmen laut wurden, welche ihn falscher Behand= lung seiner Frau bezichtigten und deren Verhalten zu ihm als ein gar nicht sehr hart anzuklagendes bezeichneten. In Stuttgart aber war nur Eine Stimme — nämlich gegen ihn. Anderwärts, wo sie ihr Beruf hinbrachte, hörte man noch viele Jahre nachher immer getheilte Mei= nungen, in höhern und gebildeten Kreisen ihr vornehm= lich günstige. Althof selbst nahm sie in Dresden, wohin er als königlicher Leibarzt berufen worden, fortwährend in Schutz, und stand mit ihr in freundlichstem Verkehr, bis sie ihm ein zu ihrem materiellen Schaden schnöde, ja sträflich gebrochenes Vertrauen beschämend vorrückte. Dann war er nicht gut mehr auf sie zu sprechen.

Fleiß, Thätigkeit, unantastbarer Wandel setzten sie später in die Achtung und Gunst der Höchsten, und es ist Perfidie oder der Wiederhall elendiglichen Geklätsches, wenn ein Recensent der „Blätter für literarische Unter=haltung" (1846) sagte: „Weß Geisteskind jenes Schwaben=mädchen war, erinnern sich die Zeugen ihrer Irrfahrten durch Deutschland." Ja, die ehrbaren Zeugen ihrer so=genannten Irrfahrten erinnern sich, daß sie aller Orten schmeichelhafte, beifällige und sogar bewundernde Auf=nahme fand. Die Königinnen Pauline von Würtemberg, und Therese von Baiern, die Großherzogin Louise von Hessen, die Markgräfin Amalie Friederike von Baden, Herzogin Maria von Sachsen=Meiningen, König Friedrich Wilhelm IV. von Preußen, Herzog Karl von Braun=schweig, Herzog Wilhelm von Nassau und Herzog Bern=hard Erich Freund von Sachsen=Meiningen haben ihr, zum Theil wiederholt, spendende Huld erwiesen; der Dichter de la Motte Fouqué, Elise von Hohenhausen, die Frei=frau von Günderode, General Freiherr von Weihers in Darmstadt und andere namhafte Personen hielten es nicht unter ihrer Würde mit ihr Briefe auszutauschen. Meint man, daß das einem geistig und moralisch niedrigen, ver=werflichen Weibe geschehen konnte?

Und endlich: „Das Unrecht", so schreibt Emil Bürger's Wittwe an mich, „welches sie in jugendlicher Unüber=legtheit den vom Schicksal hart getroffenen Bürger zuge=fügt, hat sie durch herzliche Anhänglichkeit und opfer=

freudigſte Liebe an den Nachkommen des zu früh Heim=
gegangenen nach allen Kräften zu ſühnen geſucht." Und
auch das war eine Sühne, die auch den Härteſten in
alle Zukunft gänzlich mit ihr ausſöhnen muß, ja eine
Sühne, deren kein zweites Weib in ähnlicher Lage fähig
ſein dürfte, daß ſie, die um ihre idealſten Wünſche Be=
trogene und Arggetäuſchte, welcher ein Mann wie Rein=
hard noch nach zwanzig Jahren keine Ruhe gönnte, ſich
aus ſchier übertrieben edelſten Beweggründen nicht ent=
ſchloß ihre öffentliche Vertheidigung zu führen.

„Wenn ich mich vertheidigen ſoll", ſchrieb ſie
an den Banquier Merck in Hamburg, „ſo muß ich zu=
vor erſt den Verſtorbenen auf's Schwerſte an=
ſchuldigen, auf eine Weiſe, die ihn in den Augen
der Nation auf's Tiefſte herabſetzen müßte.
Er iſt aber als Dichter genug verkannt worden, und
des Dichters wegen will ich nun duldend und
ſchweigend verzeihen, was der Mann für meine
Fehler über Gebühr an mir verbrochen."

Beinahe ebenſo an den Stiefſohn Emil Bürger, als
er zu ſeinem nachmaligen Bedauern bei dem erſten Wie=
derbegegnen in männlichen Jahren ſie hart anließ. „Ich
mußte einige Tage vorübergehen laſſen", lauten ihre dar=
auf folgenden Zeilen, „ehe ich dieſes Mal die Feder er=
greifen konnte. Ein mir natürliches lebhaftes Tempera=
ment würde mich übereilt haben, wenn ich Ihnen früher
geantwortet hätte, und hätte ſomit jedes Verhältniß

zwischen uns gewaltsam zerrissen. Denn der Ton, den Sie, junger Mann, sich erlaubten, mußte mich empören. Sie haben es mit einer Frau zu thun, die Herz und Verstand besitzt, und durch eigene Kraft sich zu einer nicht gewöhnlichen Kunsthöhe aufgeschwungen hat, durch die sie überall mit hoher Achtung, vom Fürsten bis zum Bettler, behandelt wird. — — — Ueber die Ihnen theils bekannten, theils unbekannten Verhältnisse zwischen Ihrem Vater und mir hatte ich mir vorgenommen einst zutraulich zu sprechen; doch sind dergleichen Gespräche die Folge vorhergegangener Bekanntschaft und liebevollem Zutrauen. Denn wenn ich mich, wie Sie es nennen, rechtfertigen soll, so muß ich erst einen Andern anschuldigen, den Sie mit kindlichen Gefühlen achten und lieben sollen; und das will ich nicht. Hätte ich das gewollt, so hätte ich längst den Bitten meiner Freunde nachgegeben und meine Geschichte gedruckt bekannt gemacht; aber ich will den Kindern keinen Anlaß geben, kleiner von einem Vater zu denken, der ihnen ehrwürdig sein soll, und so schweige ich über das, was übrigens außer mir noch einige Menschen wissen."

Auf gar manche Punkte freilich hätte sich ihre Vertheidigung nicht erstrecken können; dazu hätte sie erst aller Scham quitt, genau so schamlos wenigstens als Reinhard werden müssen.

10*

In ihrer Erinnerung immer den Menschen durch den
Dichter vor eigener Anklage schützend und läuternd, hat
sie noch im Jahre 1826 mittelst des folgenden Sonetts
einen Cypressenzweig auf das Grab dessen gelegt, der
wenigstens für seinen Ruhm nicht zu früh, sondern zur
rechten Zeit gestorben:

Lieblich und hold, o Bürger, hast Du im Liede
   Reiz, hohe und tiefe Rührung gesungen,
   Und wie Du griffst in die Saiten, sie klungen
Und lispelten, und nimmer wird man es müde.

Deiner Töne Leidenschaft und Lust und Friede
   Sind stets in's Inn're der Seele gedrungen,
   Fasslich für Alle, nichts scheinet gezwungen,
Alles wohnet wie Leben im tiefen Gemüthe.

Und der Liebe Thaten und Thränen und Freuden,
   Minnig hast Du sie belobt und beschrieben,
   Sinnig und kosend Märchen erdacht und erzählt; .

Unvergessen stehst Du im Buche der Zeiten,
   Nambar bist Du der Volkssänger geblieben;
   Freundlich ist er, der Nachruhm, den Du Dir erwählt!

IV.

Künstlerisches Leben.

Elise verweilte nur wenige Tage im elterlichen Hause. Sie lebte, einen Besuch bei ihrer Familie während des Sommers von 1795 abgerechnet, meist in Hannover, Braunschweig und Leipzig, sich für die theatralische Laufbahn vorbereitend, zu der sie von frühester Jugend an eine, wie sie selbst schreibt, beinahe unbezwingliche Neigung verrieth, welcher sie auch schon vor ihrer Verheiratung gefolgt wäre, hätte man einen solchen Schritt in ihren Kreisen nicht für eine Art Erniedrigung gehalten. Rücksichten auf ihre Familie und gesellschaftliche Vorurtheile waren so mächtig, daß sie noch im September 1796, als sie nach Hamburg kam, um dort wie in Altona nach dem Vorbilde ihres vornehmlichsten Lehrers, des Professors Schocher in Leipzig, declamatorische Akademien zu veranstalten, Bedenken trug sich der Bühne zu widmen. Indeß gingen Dr. Johann Friedrich Ernst Abrecht, Gatte der gefeierten Schauspielerin Sophie Albrecht, und Dr. Heinrich Gottlieb Schmieder, welche damals ein soge-

nanntes Nationaltheater in Altona errichteten, sie so
dringlich und überredend an, daß sie sich von ihnen mit
einer für jene Zeit schon bedeutenden Gage von monat=
lich 65 Thalern engagiren ließ und am 6. October 1796
als Lady Milford in Schiller's Kabale und Liebe de=
butirte.

Drei Jahre verblieb sie dort, wenige kurze Urlaube
eingerechnet, welche sie zu Veranstaltung musikalisch=de=
clamatorischer Akademien benutzte; nur ein einzigesmal trat
sie während derselben auch als Schauspielerin auf, nämlich
zu Lübeck, wo sie am 4. December 1797 auf Andringen
der damals schon sehr herabgekommenen Tilly'schen Ge=
sellschaft die Rolle der Louise in „Kabale und Liebe"
spielte, vielleicht nur um einigen Ersatz für die ihr dort
vereitelte Soiree zu erhalten. Dann bestimmte sie der
Wunsch, andere Theaterzustände kennen zu lernen, von Al=
tona ihre Entlassung zu nehmen. Im September 1799 reiste
sie nach Bremen, wo eben ein Dr. Schütte und ein
Herr Dietrich eine Gesellschaft bildeten, in welche sie nach
den Proberollen „Ariadne" (auf Naxos), „Clara" (von
Hoheneichen, Ritterschauspiel in 4 Acten von Spieß),
und „Elvira" (in Kotzebue's „Spanier in Peru oder
Rolla's Tod") als Mitglied eintrat. Sieben Monate,
nämlich so lange die Concession für jene Truppe währte,
spielte sie mit immer steigendem Erfolge. Am letzten
Abend ward sie als „Catharina" in Kratter's fünfactigem
Schauspiele „der Friede am Pruth" (Frankf. 1799) so=

gar stürmisch herausgerufen und mit Kränzen beworfen: eine Ehre, von welcher die Theater-Annalen Bremens bis dahin kaum etwas zu berichten wissen. Noch mehr, Doctor Schütte dankte ihr laut in Gegenwart des Publicums für den bewiesenen Eifer und Fleiß, das Ersuchen daran knüpfend, im nächsten Winter der Gesellschaft wieder angehören zu wollen, was Parterre und Logen lebhaft applaudirten. Dieser Wunsch stimmte auch ganz mit dem ihrigen überein, da sie für Bremen eine besondere Vorliebe gefaßt hatte.

Inzwischen begab sie sich, einer schon länger erhaltenen Einladung folgend und außerdem mit den wärmsten Empfehlungen versehen, nach Hannover, das damals zwar noch kein stehendes Hoftheater besaß, wol aber noch lange Jahre ein wohleingerichteter Stationsplatz für einige der vorzüglichsten Wandertruppen blieb. Hier befand sich nach dem am 20. Mai 1796 erfolgten Tode des um die mechanische und ökonomische Einrichtung der Schaubühnen hochverdienten Principals Großmann die Leitung des Theaters in den Händen des Advocaten Reinecke, der schon während Großmann's Verhaftung das Curatorium zur Fortführung der Directionsgeschäfte überkommen, und des als vortrefflichen Sängers bekannten Ignaz Walter. Beiden war Elisens Ankunft aus einem Grunde ungemein gelegen, den wir gleich berühren, und sie wurde daher mit bestechendster Zuvorkommenheit aufgenommen. Aber auch die hervorragendsten Mitglieder, wie Frau Bißler, die Herren Göhring, Laroche, — vordem in Hamburg unter des großen Schröder's zweiter Direction daselbst —, Lell und der würdige Anton Schwarz, der 1807 nach Breslau ging, von 1809 bis 1811, wo ihn Kotzebue ablöste, die Regie des neuen Theaters in Königsberg führte, — sie alle erwarteten in Elise Bürger einen höchst erfreulichen Ersatz für einen Abgang, der eben bevorstand und stark gewünscht ward. Zwei der angesehensten Mitglieder, Herr und Frau Reinhard, hatten es nämlich hinterm Rücken der Direction bei der Hof-Intendanz schlau durchzusetzen verstanden, daß ihnen eine Benefiz-Vorstellung bewilligt werden mußte. Reinhard — seine Personalia sind für uns theilweise von Interesse — war aus Helmstädt gebürtig und ein naher Verwandter des Verfassers der berüchtigten Ehestandsgeschichte. Er widmete sich anfänglich den Studien und wollte unter die Mußen gehen; da ihm jedoch das erforderliche Maß fehlte, lief er unter die Abenteurer. Als solcher tauchte er u. a. in der Uniform eines hessischen Offiziers in Amerika auf. Zurückgekehrt zur mütterlichen Erde ging er unter die Schauspieler. Als namhafter Künstler erscheint er aber erst in Hamburg unter Schröder's zweiter Direction, wo er diesem unermüdlichen, die höchsten Ziele der Kunst erstrebenden Manne das Leben in der schnödesten Weise verbitterte. Nachmals ward er nebst seiner Frau nach München berufen, gleich als der Dichter Babo zum In-

tendanten des dortigen Hof = Nationaltheaters ernannt
worden. Der hannöverschen Direction hatte er sich unter=
dessen hinlänglich als einen Menschen bekannt gemacht,
der, worauf auch seine herkulische Gestalt und deren
Gebahren hindeutete, Alles zu beherrschen und was sich
nicht gutwillig fügte durch Ränke zu stürzen suchte.
Allein jetzt erst trat der Fall ein, daß sich jene auf sein Be=
treiben schlechterdings nachgiebig bezeigen mußte, und
ihr Unwille darüber läßt sich begreifen. Andererseits
enthielt das erschlichene Benefiz eine Bevorzugung, welche
die andern Bühnenmitglieder beleidigend auffaßten. In=
mittelst dieser allgemeinen Mißstimmung traf nun Elise
ein, und sofort wurden ihr die heroischen und Repräsen=
tationsrollen der Frau Reinhard zugedacht, falls sie in
den vier verabredeten Gastvorstellungen nur halbwegs
gefalle; sofort die Kündigung des anrüchigen Ehepaars
beschlossen, dessen männliche Hälfte ohnehin entbehrt
werden konnte.

Am 1. Mai (1800) fand die selbst unter den Bürgern
lebhaft discutirte Benefizvorstellung des Letzteren unter
sehr getheilter Aufnahme seitens des Publicums statt.
Tags darauf spielte Elise die Ariadne, vielfach unter=
brochen vom stürmischsten Beifall. Als der Vorhang
fiel forderte das Auditorium baldigste Wiederholung des
Stückes mit gleicher Besetzung, nicht eher das Haus
verlassend bis die Direction das Verlangte zusicherte.

Ein solcher Beifall und dessen voraussichtliche Folgen kamen aber den Reinhard's um so ungelegener, als sie zur Zeit wenig Neigung zu einem Abgange verspürten. Es entspann sich ein widerwärtiger Briefwechsel zwischen ihnen und der Direction, welche schließlich sofortige Lö= sung des Engagements anheimgab. Inzwischen suchten sie die Debütantin durch Ausübung altgewöhnlicher Ko= mödiantenkniffe unmöglich zu machen, die bei der zweiten Aufführung, „Rolla's Tod", zum Vorschein gelangten. Auf der Vormittagsprobe spielte Reinhard die Titelrolle noch im erwünschtesten Wohlsein; Abends aber trafen statt seiner einige Zeilen ein, welche seine plötzliche Er= krankung und die Unmöglichkeit des Auftretens meldeten. Gleichwol mißlang ihm die beabsichtigte Vereitelung einer der Forcestücke Elisens, denn augenblicks eröffnete der gerade unbeschäftigte und nur zufällig hinter den Cou= lissen anwesende Schauspieler Ernst, daß er den Rolla für sich längst einstudirt habe und bereit sei ohne Weiteres zu spielen. So ging denn die Vorstellung ohne Verzöge= rung vor sich. Kaum erschallte jedoch der erste Applaus, als verschiedene Personen im Parterre heftig zischten, pfiffen und pochten. Doch auch dieser, wie sich heraus= stellte von Reinhard in Scene gesetzte Coup .schlug gänz= lich fehl, da man die Widersacher, eine geringe Anzahl, schnell und energisch zur Ruhe brachte, das will bedeuten hinaustransportirte. Dasselbe Manoeuvre repetirte sich mit nicht besserem Erfolge bei der Wiederholung der

Ariadne und der Aufführung von Hagemann's Lustspiele „die Martinsgänse", in welchem Frau Bürger die Pastorfrau darstellte. Elise riß die Hannoveraner zu einem ganz unerhörten Enthusiasmus hin. Wegen bereits begonnener Umkleidung außer Stande dem Herausrufe am Schlusse ihrer vierten Gastvorstellung sogleich Folge zu leisten, mußte der Director Reineke, der für sie den üblichen Dank aussprach, wohl oder übel das Gedicht vorlesen, das ihm dabei, an die Heldin des Abends adressirt, überreicht ward und nicht unwerth ist hier wie folgt zum Wiederabdruck zu gelangen.

Ja, Deine Stirn umblühet, nie verwelkend,
Ein Palmenkranz der wunderbaren Göttin,
Die von dem hohen, unerschaffnen Schönen
Durch Wort und Formen uns ein Abbild giebt.
Sie stand an Deiner Wiege schon, sie nannte
Dich segnend die geliebteste der Töchter,
Und hauchte dann, zum Zeugniß ihrer Weihe,
Den süßen Ton der Kunst in Deine Seele.
Wer mag es wagen, ihren Zauberketten
Sich zu entwinden? Mit allmächt'ger Kraft
Beherrscht ihr Wink die Geister aller Welten.
Sie ist das Siegel hoher Abkunft, sie
Der Götterfunken in des Menschen Busen.
Ihr Helm, ihr Schild sind Wahrheit, Tugend, Unschuld,
Vor ihres goldnen Köchers Pfeilen zittert
Der Bösewicht, erbebt das freche Laster.
Sie naht! — Ha! ihrer Glorie entfliehen
Verleumdung, List und Neid und Schadenfreude.

Nur Freundschaft, Liebe, jedes Hochgefühl
Der Menschlichkeit durchdringt gerührte Herzen.

Beglückt, wem so wie Dir die Göttin lächelt!
Vollendung bringend ging einst über Dir
Die schönste Sonne auf; ein hold' Gebilde
Der Kunst umschwebt in reinen Harmonien
Die Horen Deines Lebens: kühn und stark,
Wagst Du zu ringen nach dem Ideale,
Das, ganz enthüllt, im reinen, lichten Glanze
Nur Wenigen erscheint; die blinde Menge
Glaubt ohne Müh' es bald erreicht, wenn nur
Ein lauter Beifall schwindelnd sie entzückt.
Du, Künstlerin, allein der Kunst geweiht,
Blickst ruhig nieder auf das Schattenbild,
Dem jene frohnen; sichern Schrittes wandelst
Du Deine Bahn, nie wankend. Einst, gewiß,
Schmückt lohnend Dich des wahren Ruhmes Krone.

Allgemeines Bravo deutete ebenso auf Zufriedenheit
mit dem unbekannten Dichter als mit der Aufmunterung
hin, welche der Gefeierten zu Theil ward. Zwei Tage
später erschien die Celebration in der Lamminger'schen
Hofbuchdruckerei, die davon innerhalb der Stadt über
zweitausende Exemplare in Form eines fliegenden Bogens
verkaufte.

Die letztangekündigte Gastvorstellung, „der Friede am
Pruth", kam nicht zu Stande. Diesmal gelang es
Reinhard, dem die Rolle des Czaren oblag, sie zu ver-
hindern, indem er abermals wenige Minuten vor Beginn
des Theaters seine angebliche Erkrankung anzeigte und

ein Stellvertreter mangelte. In der Verlegenheit des Augenblicks griff man zur „Kabale und Liebe", ein Stück, das bis dahin in Hannover nur einen sogenann= ten succès d'estime errungen, dem es in der That an der gehörigen Ausarbeitung fehlt — der Hofmarschall ist eine geradezu verpfuschte Figur — und das an jenem Abend nur darum lebhaftern Anklang erweckte, weil, nach der Behauptung des Hofraths Heinrich Feder, Elise die Lady Milford repräsentirte.

Ihr Engagement war selbstverständlich nun außer Frage. „Noch an demselben Abend", schreibt sie, „bei Herrn Director Walter zu Tische handelte es sich um den Abschluß meines Bleibens. Ich schwankte. Ein guter Genius schien mir zu gebieten, mich der vorhande= nen Krisis zu entziehen und einer dringenden Aufforde= rung nach Altona zu folgen. Doch hatte ich Hannover schon sehr lieb gewonnen, als einen schönen, wohlge= bauten Aufenthalt aufgeklärter, feingebildeter, kunstver= ständiger und artiger Einwohner, deren nicht wenige mir sehr angenehme Freunde geworden waren. Dann sagte man mir, daß die Direction im Begriff stehe einen Pachtcontract mit Bremen abzuschließen, in welchem Falle ich also mein Versprechen, für den Winter dorthin zurückzukehren, einlösen konnte, und da mir außerdem noch eine ansehnliche Erhöhung der Gage zugesichert ward, sobald Frau Reinhard abgegangen, sprach ich ja. Inzwischen erhielt ich alle Rollen meines Faches in neuen Stücken (Heldinnen und Liebhaberinnen im Trauerspiel, jugendliche Frauen im Schau= und Lust=spiel), wozu später sämmtliche Rollen kommen sollten, welche Frau Reinhard noch bis zum Ende ihres Con=tracts besaß."

Die Begründung der warnenden Stimme eines „guten Genius," die Gerechtfertigkeit ihrer im Laufe der Unterhandlung geäußerten Befürchtungen, jenes Ehepaar werde nichts unterlassen sie in der Gunst des Publicums herabzusetzen und ihre Stellung zu erschüt=tern, sollte sich schnell zeigen. Vorerst aber müssen wir eines Episodions Erwähnung thun, das damit im eng=sten Zusammenhange steht.

Am fünfzehnten Juni = Nachmittag mit den Vorbe=reitungen zu einer achttägigen Urlaubsreise nach Bremen beschäftigt, bekam Elise unerwartet den Besuch — Karl Reinhard's, damals Assessor der philosophischen Fa=cultät zu Göttingen. Sie erinnerte sich seiner blos noch dem Namen nach und aus den Gesprächen ihres Mannes, sie wußte noch nichts von seinen anonym ge=machten Versuchen sie in der öffentlichen Meinung zu degradiren, und nahm ihn daher mit allen Höflichkeits=formen gebildeter Menschen auf. Er wollte sich's nach seiner Aussage nicht nehmen lassen der „berühmten Künstlerin," da ihn just Geschäfte nach Hannover ge=führt hätten, den Tribut seiner Bewunderung, und der Gattin seines heimgegangenen „väterlichen Freundes" seine Theilnahme darzubringen. Sehr milde, versicherte er in allmäliger, vorsichtiger Berührung überwundene Verhältnisse, hätte Bürger in den letzten Tagen über sie gedacht, manches ihr Zugefügte als Schwachheit und Unrecht erkannt und bereut. Mehr sie denn er, lautete seine Meinung, verdiene Bedauern. Er glitt aus dem Hochachtungsvollen in's Vertrauliche über, aus dem Vertraulichen in's Herzliche und Liebenswürdige, und endlich stieg seine Liebenswürdigkeit zu Zumuthungen empor, oder wenn man will herab, die ihm — eine derbe Ohrfeige eintrugen. Verblüfft aber lächelnd nahm er sie hin. Madame, sagte er mit unverschämtem und giftigem Lakonismus, indem er sich erhob und verabschiedete, während Elise zornglühend haftigen Schrittes ihr Zimmer durchmaß, Madame, Sie haben mich zu Ihrem Schuld= ner gemacht, ich hoffe mich revanchiren zu können!

Es darf vermuthet werden, daß ihm nunmehr der Gedanke an einen radicalen moralischen Todschlag zur Vergeltung der erlittenen Demüthigung kam, und daß blos äußere, von seinem Willen unabhängige Verhält= nisse und deren Erwägung von der Ausführung, viel= leicht inmitten der Vorbereitung, abhielten, bis der erste Racheantrieb so weit gefühlt war, sein Vorhaben ganz in's Stocken zu bringen. Vorläufig begnügte er sich mit einem jämmerlichen Spiele unter der Decke.

Für die Thatsächlichkeit jenes Vorganges selbst steht uns freilich kein anderer Beweis als ein Brief der so

in ihrer weiblichen Ehre Verletzten an Frau D — r in
Berlin zur Hand, der, obgleich zwei Tage später ver=
faßt, stellenweise noch der tiefsten Entrüstung voller
Widerhall ist. Allein, welche Zweifel an der Wahrheit
des Erzählten ich auch heranzuziehen versuche, keinen
finde ich der Stand zu halten vermöchte. Alles zeugt
für seine volle Glaubwürdigkeit.

Der Urlaub verlief. Elise kehrte zurück. Sie stattete
hie und da Visiten ab; sie meinte hie und da eine ge=
wisse Kühle zu bemerken, sie fand sogar schmerzlich
kränkende Aufnahme. Umsonst forschte sie nach der
Veranlassung; es schien als ob die Hannoveranerinnen
binnen acht Tagen ebenso die kurzen verschlossenen
Redensarten als die langen offenen Kleider zu lieben
gelernt hätten. Bald aber befreiten sie die Schauspieler
Schwarz und Göhring aus der peinlichen Ungewißheit,
indem sie ihr ein ihnen behändigtes Pasquill überreich=
ten, das unter der Aufschrift: Fragment eines Ge=
sprächs bei J. P. Bernhard, die Schauspielerin Rein=
hard als einen Ausbund aller Tugenden pries, Elisen
hingegen als ein überreifes Kind der Mutter aller Laster
verdammte und verdrehende Anspielungen auf Dinge
aus ihrer Ehe enthielt. Und ehe sich's die Beschimpfte
versah, schafften die genannten Männer, von einem sel=
tenen Zufall begünstigt, auch den Verfasser herbei, einen
in allem Betracht armseligen Winkel=Reimschmied, der
genau wie seine Bänkelsängerverse hinkte, und ohne

Zaudern de= und wehmüthig Abbitte leistete, beichtend,
ein Unbekannter habe ihm die objective Unterlage zu
seinem Schandgedicht gegeben und für die Veröffentlichung
desselben, in Form eines Manuscripts für Freunde, be=
zahlt. Schwarz und Göhring drangen auf seine gericht=
liche Bestrafung und nähere Ermittelung des Unbekann=
ten; doch der elende Schächer verging fast vor Angst
und Zerknirschtheit, er flehte so sehr vor und nach Gott
die Sache nicht weiter zu verfolgen, daß Elise, die
nunmehr über die intellectuellen Urheber des Pasquills
keiner weitern Auskunft bedurfte, weil nach seinem In=
halte einzig und allein auf die Reinhard'sche Vetterschaft
hindeutend, sich in der Weichheit und Edelmüthigkeit
ihres Sinnes mit dem nachfolgenden schriftlichen Be=
kenntniß begnügte, welches dann ebenfalls als Hand=
schrift für Freunde in Umlauf gesetzt ward. Es war,
um mich eines Sprüchworts zu bedienen, immer noch
ein Schlag auf den Sack, den der Esel empfinden mußte.

„Ich Unterzeichneter bekenne hiemit freiwillig und
ungezwungen, daß ich diejenigen fälschlichen Bezichtigun=
gen und ehrenrührigen Vorwürfe, womit ich in einem
unter dem Titel: Fragment eines Gesprächs bei J. P.
Bernhard von mir verfaßten Gedichte die Ehre und den
guten Namen der Madame Elise Bürger frevelhafter
Weise anzugreifen mich nicht entsehen habe, hiemit aus=
drücklich zurücknehme, und alles dasjenige, was in jenem
Gedichte zur Herabwürdigung gedachter Madame Bürger,

Ebeling, G. A. Bürger.   11

insbesondere in Hinsicht auf ihren moralischen Charakter, höchst unbedachtsamer und leichtfertiger Weise wahrheits= widrig von mir vorgebracht worden ist, kraft dieses wohl= bedächtig widerrufe. Zugleich bezeuge ich, daß es mir leid thue, durch den Inhalt jenes Gedichts, wozu blos unverbürgtes Gerede die Veranlassung gegeben, Madame Bürger gekränkt zu haben, und bitte ich dieselbe dieser meiner Unbesonnenheit halber um Verzeihung.

Der Wahrheit zur Steuer habe ich diese Erklärung schriftlich von mir gestellt und solche urkundlich eigen= händig unterschrieben."

Hannover, den 3. Juli 1800.

George Werner."

„Daß der Herr George Werner vorstehende Urkunde in meiner Gegenwart laut und wörtlich durchgelesen und darauf eigenhändig unterschrieben hat, wird auf Verlangen der Madame Elise Bürger von mir, als da= zu requirirtem Notar, bezeugt.

Hannover, den 3. Juli 1800.

(L. S.) In fidem

Johann Christian Ludewig Mannstädt,
Kanzlei= und Hofgerichts=Procurator und immatriculirter
Advocat und Notar mpp."

Mit Hilfe dieser Abbitte siegte Elise über die Verleumdungen, welche sie zum Opfer auserlesen hatten, und auch die in Hannover wohnhaften Verwandten ihres verstorbenen Mannes thaten freierdings Alles zu ihrer Rehabilitation, was sie nicht ganz unrecht einen triftigen Beweis nannte, daß sie sich als Gattin keiner unverzeihlichen Fehler schuldig gemacht. Die Acclama=tionen bei ihrem Wiedererscheinen auf der Bühne aber, als Zenide in Iffland's Schauspiel „Achmed und Zenide" durfte sie allen Fugs als eine Art Genugthuung hin=nehmen, die ihr das Publicum für erlittene Kränkung zu spenden bezweckte.

Im August gab die Gesellschaft in Celle einige Vor=stellungen, und auch hier war sie es, die von allen Mitgliedern den meisten Beifall erntete. In Lafontaine's Schauspiele: „Die Tochter der Natur" entzückte sie als „Rosine Basse" die Damenwelt dermaßen, daß man ihr am Schlusse des Stücks den Kranz, den sie gehalten, vollständig zerpflückte, um Blüten und Blätter desselben als Tropäen der Erinnerung davon zu tragen. Wie ihr Spiel hinwiederum die Männerwelt gewann, dafür ist nachstehende kleine halb poetische Epistel kein übles Zeugniß.

„Wer nie mit Adelaiden weint,
Nie mit Rosinen lachet,
Wem Ariadne nie erscheint,
Wenn er halb schläft halb wachet;

Dem hat die Muse nie den Sinn
Für Schönheit mitgegeben,
Dem schleichen Tag und Jahre hin
Im ächten Pflanzenleben.

Du kommst! und Deinem holden Tritt
Geh'n Grazien zur Seiten.
Du geh'st! und Sehnsucht wird den Schritt
Durch jedes Land begleiten.

Wenn vieler Dichter Namen ganz
In Staub zusammen schwinden,
Wird Dankbarkeit Dir noch den Kranz
Von Myrth' und Rosen winden."

„Wenn ein fünfundsechszigjähriger Jurist noch
einmal wieder so zu reimen anfängt, zurückgezaubert in
die schönen Tage seiner Jugend, so ist das gewiß,
wertheste Frau Professorin, ein wahres Wunder. Und
ein solches Wunder muß wol seine Ursache und seinen
Zweck haben. Die Ursache finden Sie leicht in Ihren
Talenten und Ihrem Verdienste. Und den Zweck? —
Erstlich wollte ich mich gern als Subscribent zu ihren
Gedichten anmelden. Zweitens wage ich die Bitte, mir
die Romanzen aus der Adelaide von Teck nebst der
Musik sobald als möglich zukommen zu lassen. Und
endlich drittens- ersuche ich dem, welcher die Musik ab=
schreibt, anliegende Kleinigkeit zu geben.

Erlauben Sie mir hier die Versicherung meiner voll=
kommensten Verehrung hinzuzusetzen!

Celle, den 5. Sept. 1800.

C. E. E*
Königlicher Rath."

Fielen die Machinationen des Reinhard'ſchen Ehe=
paars im Ganzen zeither gegen ſeine Berechnung aus,
ſo fühlte es ſich dadurch dennoch nicht abgeſchreckt; nur
wählte es jetzt einen andern Weg, es verſuchte eine
Ausſöhnung mit der Direction, und bereits in Celle
konnte Eliſe gewahren, daß wenigſtens der Advocat
Reineke, von dem freilich die Hauptſachen in der Leitung
der Geſellſchaft abhingen, dafür keineswegs unzugänglich
war; ſtand doch bei der demnächſt zu zahlenden bedeutend
höhern Gage der Frau Bürger eine anſehnliche Erſpa=
rung in verlockender Ausſicht. Theaterdirectoren haben
meiſtentheils ein weites oder elaſtiſches Gewiſſen, wenn
ohne Einbuße der nöthigſten künſtleriſchen Kräfte eine
Verringerung des Etats bewerkſtelligt werden kann, und
mit ſolchem Gewiſſen gebricht es keiner an Mitteln zum
Ziele zu gelangen, Mittel, welche man nicht eben ehrlich
nennen möchte, vor denen ſich aber kein Mitglied zu
ſchützen vermag. Bald nach der Ankunft in Bremen,
wo nun contractlich die Saiſon begann, konnte der
Reinhards Ausſöhnung mit Reineke und den meiſten
Mitgliedern der Truppe als ein fait accompli gelten;
nur Walter verhielt ſich conſequent, änderte jedoch da=
mit nichts im Intereſſe Eliſens. Verlor ſie derweiſe
die mit dem Abgange ihrer Rivalin fällige Zulage, da
deren Contract erneuert ward, gab Reineke ihr ferner
zu verſtehen, daß die doppelte Beſetzung ihres Faches
eine finanzielle Unzuträglichkeit ſei. Eine Kündigung

jedoch wagte er nicht: er scheute die ungemeine Beliebt=
heit Elisens bei dem Publicum und andererseits fürchtete
er guten Grundes den gleichzeitigen Abgang des unent=
behrlichen Ernst'schen Ehepaars, das die innigste Freund=
schaft zu Elisen unterhielt. Indeß, welches noch so
reine Verhältniß könnte nicht zu den gemeinsten Inten=
tionen ausgebeutet werden! Reineke freilich war bei aller
Charakterschwäche und Eigennützigkeit dessen unfähig;
jene Beziehungen in der schmutzigsten Weise zu entstellen
und zu colportiren, das übernahmen Reinhards, bis sie
das Unnütze ihrer perfiden Umtriebe erkannten, da ge=
rade mehrere der geachtetsten und einflußreichsten Familien
den auszeichnendsten Verkehr mit der Verfolgten theils
fortsetzten, theils anknüpften. Reineke bediente sich anderer
Mittel, die er wol für erlaubte ansah, die ihm pecuniär
lästige Frau los zu werden. Er erschwerte ihr die Concerte,
welche sie zwischendurch in Bremen und Hannover veran=
staltete, auf jede mögliche Weise, nöthigte ihr mehr und
mehr zweite und dritte Fächer auf, entzog ihr die bei Anfang
und Ende jeder Saison üblichen und dem hervorragend=
sten weiblichen Mitgliede zukommenden Prologe und
Epiloge, dang Kritikaster, welche ihr Spiel öffentlich
herabsetzten, und dergleichen; und wenn er damit, wie
sich zeigte, des Publicums Sympathien für Elise keines=
wegs ganz zu schwächen vermochte, marterte er sie den=
noch so, daß sie die Direction aufforderte, sie sechs
Wochen vor dem contractlichen Kündigungstermine zu

entlassen. Dies geschah bei der Rückkehr nach Hannover. Natürlich willigte man ein, und zwar unter Beischluß des glänzendsten Zeugnisses. Nur in einem Punkte trog Reineke's Calcül: alle Anerbietungen vermochten das Ernst'sche Ehepaar nicht zurückzuhalten, es reichte sofort seine Kündigung ein.

Wie sehr man in Hannover ihren Abgang bedauerte, das bewies die Haltung der dichtgeschaarten Menge, die sich zu ihrem Abschieds=Concert am 9. April 1801 ein= gefunden. Und daß auch sie schmerzerfüllten Herzens eine Stadt verließ, in der ihr des Fördernden und Er= hebenden viel zu Theil geworden, verkündete ihre Schluß= rede, deren poetischer Flug ihr ein Anrecht auf Wiedergabe an dieser Stelle verleiht.

Elise sprach:

„Ein höheres Wesen, das der Weltverfassung nie gelöste Räthsel mit unerforschtem Knoten schürzt, heute den Ungekannten aus des Pöbels Mitte hervorzieht, thatenfähig gebildet, vom Glück zum scheinbaren Lieb= ling erkoren, auf eine Stufe erworbner Größe führt, daß man ihn angafft, anstaunt, und das glänzende Gestirn wie eine Himmelssendung bewundert, morgen aber eben so schnell in die Tiefe des Nichts hinabstürzt — einem Meteor ähnlich verschwinden läßt, oder durch der Parzen ernsten Wink auf immer aus der Lebenden Reihe vertilgt; — dies höhere Wesen, das der Mensch= heit sonderbarste Leitung übernahm, den Einen sinken

läßt um Andere zu erheben und so der Augenblicke
Flug beschränkt, die schmeichelnd frohem Glücke Dauer
zu verbürgen schienen; — dies höhere Wesen, das die
feinsten Fäden, an denen Glück und Leiden hängt, mit
wunderlicher Spindelführung spann, und oft zerreißt
was es emsig eben voll Fleiß erzeugte, — dies hauchte
in meinen Geist den regen Wunsch, der Kunst allein zu
leben! Ihr gab ich mich zu eigen hin und huldigte der
Göttin, deren Hallen des himmlischen Genies nie ver=
siechende Flamme auf tausend Altären geschmückt! Vor
ihrem glanzumstrahlten Antlitz beugte ich zitternd das
Knie, und aus ihrem leuchtenden Auge erfreute mich ein
freundlicher Blick; Thalien und Melpomenen gebot sie
die wankenden Schritte zu leiten, die auf fremden Ge=
staden mein bebender Fuß zu wagen begann. Und die
huldvollen Musen gaben mit sanfter Geduld mir die
nöthigen Lehren.

So ausgerüstet trat ich im vorigen Jahre, nie werd'
ich des Tags vergessen! mit stiller, mit bebender Angst
und bescheidenen Wünschen hier auf die glänzende
Bühne — die Lieblinge zählt, Künstler gebildet und
seltne Erscheinungen zeigt —, anspruchlos, frei vom
eitlen Wahne, als hätt' ich der Kunst schon tiefer in's gött=
liche Auge geschaut! Ach, nur von Wünschen beseelt
gab ich mit schüchterner Hoffnung der Nachsicht der
Kenner mich hin. Da winkte das höhere Wesen dem
Genius der Freude, und mit rosigen Schwingen schürzte

er sein fliegendes Kleid und schwang seine leuchtende
Fackel! Aus Eurer Mitte trat er zu mir, umwand mich
mit schimmernden Kränzen des Beifalls, den Ihr Ariad=
nen in reichlichster Fülle geweiht. Freudig wallte mein
Busen, dankend thränte mein Blick, und der freundlich=
sten Empfindungen freundlichste gabt damals, Verehrte,
Ihr mir. Ich folgte mit trauendem Herzen der leuchten=
den Fackel des holden Genius, aus Eurer Mitte mir
lächelnd. Er zeigte mir ein wonniges Bild der Zu=
kunft, und winkte mit Blick und mit Sprache. Ach,
ich Arme ahnete nicht, daß das Schicksal mich neckte,
und mir die trügenden Pfade nur scheinbar so reizend
umkränzte! Der Genius senkte die Fackel! Und wie nach
prächtigem Sonnenschein Sturm und Gewitter sich nahen,
also ergriff auch mich eine Erscheinung des Orkus und
thürmte statt blumiger Pfade unübersteigliche Felsen
mir auf. Ich kämpfte mit den Kräften der Seele die Felsen
in Auen zu wandeln, wo in freundlicher Einigkeit ruhig
die Hände verschlungen Alle der Kunst Geweihte zu
ihrem Tempel wallen, und ihre Kränze theilend gemein=
same Opfer ihr weihten, gemeinsam empfingen den Lohn!
Umsonst! ich strebte vergebens! Ach, es beschloß es das
höhere Wesen! Und aus Eurer Mitte, Ihr Edlen, reiß'
ich in wenigen Tagen mich los, mit blutender Seele,
aber mit ruhigem Herzen! Denn es hat nie zur List mein
beßrer Sinn herabzuwürdigen sich unter Euch vermocht!
Was mir Hannover gab, war unerschmeichelt, frei!

Dies fühle ich froh und wahr! So rein ist auch mein Dank, so steh' ich im Gefühl des stillen Werths, von Wenigen verkannt!

Erhaltet, Theuerste, mir dieses Hochgefühl, das über Sturm und Fluten hebt, dem Schicksal zu trotzen vermag und muthig der weiteren Leitung des höheren Wesens vertraut. Laßt mir den süßen Trost, nicht ganz vergessen so wie nicht ganz verkannt von hier zu gehen! Dann will ich glücklich sein, mit stiller Wehmuth scheiden, segnen, die mich hassen, und der Kunst getreu so wie der Wahrheit Freundin bleiben! Dies sei mein himmlischer Beruf! Und so — vergeßt mein nicht!"

Ohne Verlegenheit um ein neues Engagement ging sie nach einigen in jeder Hinsicht reichlich lohnenden Gastspielen in Braunschweig und Magdeburg nach Altona, wo sie gewissermaßen mit offenen Armen aufgenommen ward. Fast gleichzeitig erreichte sie hier die bereits im vorigen Capitel erwähnte anonyme Schmähschrift: „Schicksale einer theatralischen Abenteurerin," ein boshaftes und plumpes Gewebe von Unwahrheiten seit ihrer Ehescheidung bis zum Verlassen Hannovers, über dessen Urheberschaft sie keinen Zweifel hegen konnte, da so zu sagen jede Seite desselben auf den Schauspieler Reinhard und einige Punkte eben so deutlich auf die Göttinger Quelle hinwiesen. Gewiß wollte ihr ersterer für die freimüthigen aber nie gehässigen Urtheile über sein Spiel noch einen Denkzettel nachschicken, da er sich

im Uebrigen doch nun hätte beruhigen können. Reineke
und Walter ließen ihr ausdrücklich ihren Abscheu über
die pöbelhafte Mache melden, sich vor dem durch ge=
fälschte Benutzung eines in ihrem Besitze befindlichen
Briefes leicht schöpfbaren Verdachte einer Betheiligung
an derselben verwahrend; ebenso protestirte der Schau=
spieler Gelhaar gegen die Lästersudelei, welche offenbar
in hämischer Absicht dessen Frau als Tugendspiegel
Elisen gegenüber gestellt hatte; beide waren Freundinnen,
und die leidige Lobhudelei deshalb wol ein bloser Fall=
strick zur Entzweiung.

Elise meinte vor dem Eindrucke dieses Pasquills
allenthalben gesichert zu sein. Um so mehr mußte es
Wunder nehmen, daß sie im August 1801 in der Bro=
schüre: „Ueber meinen Aufenthalt in Hannover" jene
erlogenen Angriffe widerlegte. Ihre Freunde und alle
Einsichtigern verdachten ihr dies sehr, und sie bereute
dies späterhin selber um so mehr, als sie ihre Recht=
fertigung in der Eile und Aufregung weder in guter
Darstellung und vollständig noch in allen Einzelheiten
ganz zutreffend bewirkt hatte. Wir sind durch ander=
weitiges handschriftliches Material in den Stand gesetzt
worden, die Facta jener Broschüre bessernd und berichti=
gend benutzen zu können. Ueberdem traf doch auch das
Dictum ein: Semper aliquid haeret! Wenigstens be=
wiesen dies dermalen verschiedene Beurtheilungen ihres
Spiels in Hamburger Journalen, und obgleich sie

öffentlich ihre Gleichgiltigkeit und Verachtung „gegen jede
ungründliche, blos von Neid und Parteisucht eingegebene
Kritik" erklärte, wurde ihr doch das Leben durch künstlich
genährte und ganz unberechtigte Meinungsverschieden=
heit des Publicums mannigfach vergällt. Vielleicht daß
sie sich ohne entschiedene Ansprüche auf „Recensionen im
Geiste wahrer Kunst," oder bei Aufstellung derselben
mit kling endem Nachdruck bequemer gebettet hätte!
Unsere heutigen Mimen verstehen sich besser auf die
Praxis des deutschen Sprüchwörterschatzes und — der
Recensenten, sie wissen: Klein, hurtig und keck stößt
auch einen Großen in den Dreck, und wer gut schmiert,
der gut fährt.

Im Frühjahr 1802 trat Elise eine neue Kunstreise
an. Bemerkenswerth ist daraus blos ihr Verweilen in
Weimar und Jena. Auf Goethe machte sie einen sehr
befriedigenden Eindruck; er bedauerte durch Geschäfte in
Jena an der Beiwohnung ihres ersten Auftretens be=
hindert zu sein. Schiller hingegen empfing sie „hof=
färtig und kalt," augenscheinlich infolge verschiedener
Publicationen mit Voreingenommenheit gegen sie. Er
hätte es am liebsten gesehen, sie wäre gar nicht zum
Spiel zugelassen worden. Aber der Hofkammerrath
Kirms, damals die eigentliche Seele des herzoglichen
Theaters, während Goethe das Repertoire souverain im
Ganzen überwachte, hatte bereits zwei Gastvorstellungen
mit ihr verabredet und wies Schiller's Ansinnen einer

Rückgängigmachung zurück. Triumphirend konnte letzterer
aber am 4. Mai an Kirms schreiben: „Madame B.
hat gestern so allgemein mißfallen, daß man sich durch
eine zweite Rolle, die man ihr gestattet, bei dem Publi=
cum schlecht empfehlen wird. Ariadne ist zwar keine
Rolle gewesen, um das Verdienst einer Schauspielerin
in's Licht setzen zu können, aber ihr Unverdienst hat sie
leider dadurch vollkommen an den Tag gelegt. Außer=
dem also, daß Sie, wenn sie den Sonnabend noch ein=
mal auftritt, ihr ein doppeltes Viaticum auf den Weg
geben müssen, riskiren Sie auch ein leeres Haus und
kommen in Schaden. Diese Gründe nebst der wirklichen
Unbrauchbarkeit der Dame zum Theater dürften wol
hinreichend sein, auch den Herrn Geheimen Rath zu
überzeugen, daß es besser gethan war sich derselben bald
und auf eine gute Art zu entledigen.“ Und an Goethe
Tags darauf: „Den übeln Erfolg der Ariadne wird
Ihnen der Hofkammerrath schon berichtet haben. Sie
können ihm alles Schlimme glauben, was er Ihnen
davon schreiben mag; denn diese Elise ist eine armselige,
herz= und geistlose Komödiantin von der gemeinen Sorte,
die durch ihre Ansprüche ganz unausstehlich wird. Doch
Sie werden sie selbst sehen und hören, wenn Sie länger
in Jena bleiben, denn sie denkt in etlichen Tagen ein
Declamations=Concert dort zu geben.“

Wenn nun schon das unberechtigte und schiefe, ja,
weil in des Dichters Bild Züge des lebenden Menschen

verwebend, sträfliche Urtheil Schiller's über den Sänger
der Lenore jeden Unbefangenen mit tiefster Entrüstung
erfüllen muß, so würde es schwer werden die rechte Rüge
über einen vervehmenden Ausspruch zurück zu halten,
wie wir ihn eben vernommen haben, könnten wir die
häufigen Correcturen vergessen, denen Schiller in Theater=
sachen unterlag, könnten wir die beschränkten An=
sichten vergessen, welche er selbst über das Spiel eines
Iffland hegte. Wie! nach all' den Erfolgen, deren
sich Elise bis dahin erfreute, nach den Erfolgen
in Hannover zumal, einer Stadt, welcher bezüglich
ihres geläuterten Kunstgeschmackes, ihres gehobenen
Kunstverständnisses keine zweite ebenbürtig zur Seite
gestellt werden konnte und die in der Geschichte des
deutschen Theaters so epochemachend ist, nach all' den
Erfolgen sollte Elise nichts als eine „armselige, herz=
und geistlose Komödiantin von der gemeinen Sorte" ge=
wesen sein, „die durch ihre Ansprüche ganz unausstehlich
wird?" Die Widersinnigkeit dieser Absprechung liegt dem
Blödsichtigsten klar auf der Hand. Und worin bestanden
denn ihre „unausstehlichen" Ansprüche? Daß sie die
Ariadne schlechterdings so ausgeführt wissen wollte, wie
sie es gewöhnt war! Das freilich galt in Schiller's
Sinn als Anmaßung, denn die Mitglieder der Weimar=
schen Bühne, meist aus höchst mittelmäßigen und un=
selbständigen Talenten recrutirt, standen unter der
eisernen Dictatur Goethe's, der mit militairischer Strenge

lediglich seine Intentionen durchsetzte und Abends von seinem Sessel aus im Parterre jene wie das Publicum beherrschte; und längst hatten sie auf einen eigenen Willen verzichtet. „Dafür hat man die Direction," sagte er Kirms, „daß man nach seiner eigenen Ueber= zeugung handelt und nicht den Leuten zu Willen lebt," — er meinte weder den Darstellern noch dem Publicum, und dies gewöhnte sich daran Alles vortrefflich zu finden, was der Herr Geheimrath von Goethe und Herr Hofrath von Schiller, der das Einstudiren und Probiren bisweilen — natürlich im Stile der Excellenz — leitete, gut erachteten. Es hätte ja andernfalls auch gleich einigen Jenenser Stu= denten riskirt, bei offener Scene reprimandirt zu werden.

Doch — Elise mißfiel ja allgemein! „Ich weiß nicht," schrieb Wieland, dem sie ebenfalls einen Besuch abstattete, an Jacobs, „was die Heringsnasen in Weimar von ihr wollen; sie ist eine ganz eminente Person und hat ein excellentes Ingenium." Nun, das Mißfallen bei den „Heringsnasen", wenn Wieland damit das Publi= cum bezeichnete, war sehr erklärlich. Es lag in dem diametralen Gegensatze der Schule, welche in Weimar zur Norm erzwungen und andressirt worden, zu der, welche Elise repräsentirte, worüber sie auch umständ= liche Erörterungen hinterlassen, die generell mit Dem durchaus übereinstimmen, was Eduard Devrient berichtet.

Trotzdem Goethe theoretisch an den Künstler die For= derung stellte, etwas der Natur ähnliches hervorzubringen, hatte er in Weimar etwas in die Praxis gesetzt, was dem schnurstracks zuwiderlief, hatte er der Bühne das idealistische Princip vorgeschrieben, wie es die verkünstelte Natur des Bücherdramas mit seiner transcendentalen Geistigkeit, von Schiller ausschweifendst cultivirt, zu fordern schien. An die Stelle einer schönen Wirklichkeit, einer lebendigen Natur und dramatischen Unmittelbarkeit trat das, was man das antike System nannte und unter Beobachtung eines conventionellen und steifen Decorums, einer schwülstigen und dennoch monotonen Declamation, der pathetischen Gravität des théâtre français, worüber die Charakteristik, ja alle Naturwahr= heit fast ganz verloren ging, begriff. Selbst das Lust= spiel erhielt die Färbung einer pathetischen Ostentation. Und wenn man sich eine solche theatralische Kunst in Weimar gefallen und einreden ließ, sie sei auf die Sonnen= höhe der Anforderungen gestiegen, so verlachte man sie mit Recht in Leipzig, wo man die Weimarschen Schauspieler „Seminar= und Marionetten=Künstler" schalt, welche von „Menschendarstellung das Einmaleins ver= lernt hätten." Elise aber huldigte im strictesten Gegen= satze zu diesem formalen Systeme dem naturalistischen Prin= cip der Meister der Hamburger Schule, das eine möglichst vollkommene, lebensfrische Täuschung zu erzeugen suchte, ohne sich von der künstlerischen Beherrschung des Stoffs zu entfernen und in ausartende Natürlichkeit zu verfallen. Wenn Bayard in dem bekannten Stücke von Kotzebue

Blanca aus der Höhle trägt, wo Tausende vom Rauche
erstickt und von den Flammen verzehrt wurden, so wäre
es in Weimar eine Ungeheuerlichkeit gewesen sie in einem
andern als hoffähigen Gewande erscheinen zu sehen.
Elise hielt ein durch Rauch getrübtes weißes Kleid für
diesen Fall in Bereitschaft. In Weimar probirten einige
Schauspieler vor dem Spiegel, um wie vorgeschrieben
sich auf der Bühne zu bewegen und ein prätentiös=
albernes Mantelspiel zu erlernen. Elise sagte: „Ich
würde mich der Spiegelproben unterziehen, hätte ich nicht
von frühester Kindheit an eine Erziehung erhalten, die
solche Beihilfe sich ungezwungen und mit Anstand zu
bewegen unnöthig macht. Um zu zeigen, wie sich
ein Mensch nicht bewegen darf, wenn ich das
wollte, brauche ich vollends keinen Spiegel."
Die guten Weimaraner! Sie trauten ihren Ohren kaum
den Jambus ungehackt sprechen zu hören, keine im
Predigerton silbenzählende Declamation zu vernehmen!
Sie trauten ihren Augen kaum, Profilstellungen, Rücken=
wendungen, Sprechen nach dem Hintergrunde und der=
gleichen zu sehen, was doch Goethe als eine „haarsträu=
bende Entsetzlichkeit" verworfen, für immer verboten
hatte!

Kein Wunder also, daß Elise mißfiel!

Reichlich entschädigte sie für die kalte Aufnahme in
der herzoglichen Residenz der Beifall, den ihr Decla=
mations=Concert in Jena (10. Mai) fand. „Auf alle

Ebeling, G. A. Bürger.   12

Fälle," hatte Goethe an Schiller geschrieben, „werde ich
mich in eine Ecke des Saals, nicht weit von der Thüre
setzen und nach Beschaffenheit der Umstände aushalten
oder auf= und davongehen." Er hielt aus und unter=
hielt sich schließlich eine ganze Weile mit ihr „auf's
Leutseligste und Achtungsvollste."

Aus den folgenden fünf Monaten fehlen zuverlässige
Nachrichten über unsere Schutzbefohlene. Im November
1802 trat sie bei der deutschen Hofschauspielergesellschaft
in Dresden als Mitglied ein, welche während einer
langen Reihe von Jahren auch in Leipzig, besonders
während der Messen, Vorstellungen gab: erst 1816
wurden Oper und deutsches Schauspiel verbunden, ein
stabiles Hoftheater errichtet und das zeitherige Pacht=
verhältniß beseitigt.

Das Engagement in Dresden aber bezeichnet,
Schiller's brutales Absprechen schon durch die Länge
ihrer Mitgliedschaft widerlegend, den Glanzpunkt und
das Ende der theatralischen Laufbahn der Wittwe
Bürger's.

Außer der Bestimmung ihrer Fächer daselbst wird es
auch noch anderweitiges Interesse haben, aus den Rollen=
besetzungsbüchern die von ihr dargestellten Partien zu
erfahren. Sie spielte:

1802.

Madame Lembach in: „Das Complot" (den 18. Novem=
ber); von wem das Stück aber ist weiß ich nicht. In den
Rollenbesetzungsbüchern ist niemals ein Stück näher be=
zeichnet noch der Verfasser namhaft gemacht worden.

Die Königin und ⎱ in: „Hamlet, Prinz von
Herzogin ⎰ Dänemark"
von Shakespeare nach der Bearbeitung von Schröder.

Frau von Klemm in: „Die Folgen einer einzigen
Lüge," Schauspiel von Spieß. Mit gleicher Besetzung
im nächsten Jahre wiederholt.

Philippina in: „Der Fremde," Lustspiel von Iffland,
1807 wiederholt. Außerdem gab man damals unter dem=
selben Titel noch ein zu Prag 1787 erschienenes Schau=
spiel, und ein Lustspiel von Friedel (Preßburg 1785.)

1803.

Mathilde in: „Graf von Santa Vecchia," Gemälde
von Roller.

Madame Lyk in: „Die deutsche Familie," Schauspiel
von F. L. Schmidt.

Madame Lestang in: „Der Mann von Wort,"
Schauspiel von Iffland (den 1. März.)

Frau von Rosen in: „Der Vater von ungefähr,"
Lustspiel von Kotzebue.

Frau Felden in: „Die Soldaten;" da aber unter
diesem Titel zwei Stücke, mir beide nicht aus eigner

Lectüre bekannt, bei den Bühnen existirten, eine 1776 in
Leipzig erschienene Comödie, und ein in Hamburg 1804
gedrucktes fünfactiges Schauspiel von Arresto genannt
Burchardi, Hofschauspieldirector zu Dobberan, — so
weiß ich nicht, welchem von beiden obige Rolle angehört.

1804.

Theodosia in: „Eugenius Skoko" — Verfasser mir
unbekannt.

Die Obristin in: „Der Weihnachtsabend." Unter
diesem Titel ward jedoch ein Nachspiel in zwei
Acten von A. K. Walder und ein fünfactiges Schau=
spiel von G. Hagemann aufgeführt, so daß ich bei
der Unbekanntschaft mit beiden nicht zu sagen vermag
welches gemeint ist.

Julie Sendheim in: „Lohn der Wahrheit," Schau=
spiel von Kotzebue.

Amalie Friedberg in: „Die beiden Klingsberge,"
Lustspiel von Kotzebue. Bis Ende 1806 zum öftern
auf dem Repertoire.

Madame Senneville in: „Die französischen Klein=
städter," Lustspiel von Kotzebue.

Therese Bilding in: „Der beste Wucher," Schau=
spiel von de la Motte. Auch im nächsten Jahre auf
dem Repertoire.

Amalie von Goldstrom in: „Das Abenteuer auf
der Extrapost." Mir unbekannt.

Henriette in: „Die Nachtwandlerin, ein Lustspiel" —
aber von wem? Das von Scribe kann es so wenig
gewesen sein als das von E. Blum. 1805 wiederholt.

Sittha in: „Nathan der Weise" von Lessing. Nächsten
Jahres wiederholt.

Die Gemahlin des Kurfürsten in: „Johann
Friedrich." Auch unter diesem Titel wurden zwei
Trauerspiele aufgeführt, das eine, und dies ist jeden=
falls gemeint, von Benjamin Silber (Leipz. 1804),
das andere von einem Ungenannten.

Josepha in: „Der Lorbeerkranz," Schauspiel von Ziegler.

1805.

Mamsell Rauming in: „Frauenstand," Lustspiel von
Iffland (den 5. März.)

Marianne in: „Die seltsame Probe," Lustspiel v. Wetzel.

Mamsell Reising in: „Die Reise nach der Stadt,"
Lustspiel von Iffland.

Hofräthin Rosen in: „Dienstpflicht," Schauspiel von
Iffland.

Commerzienräthin in: „Die Freundschaft auf der
Probe," Lustspiel von C. F. Weiße.

Madame Völker in: „Rettung für Rettung,"
Schauspiel von G. Beck.

Hedwig in: „Wilhelm Tell" von Schiller. Unter dem=
selben Titel gab man auf andern Bühnen noch ein
Trauerspiel von Joseph Ignaz Zimmermann (Basel

1772), ein Schauspiel von Ambühl (Zürich 1792), und eins von P. Weber (Berlin 1804).

Die Göttin in: „Schiller's Gedächtnißfeier," ein allego= risches einactiges Stück, von Elise Bürger selbst gedichtet.

Gräfin Kirchberg in: „Fürstengröße," Schauspiel von Ziegler.

1806.

Frau Lehmann in: „Die Colonie," Lustspiel v. St. Foir.

Frau von Ellfeld in: „Die Verleumder," Schau= spiel von Kotzebue. Auch im nächsten Jahre.

Julie Heiter in: „Die falschen Entdeckungen," Lust= spiel von Gotter nach Marivaur (d. 4. Februar und öfter.)

Adelma in: „Turandot" nach Gozzi von Schiller.

Donna Isabella in: „Die Braut von Messina" von Schiller.

Madame Dernetti in: „Pauline," Lustspiel in 3 Acten (Wien 1805.) Am 2. März 1807 nochmals.

Carolina in: „Die Wette"," Lustspiel von Sonnleithner.

Frau von Walstein in: „Mathilde von Orl= heim." Verfasser nicht zu ermitteln.

Doris in: „Der Wirrwarr," Posse von Kotzebue.

Eine Dame in: „Die Weiberfeinde," Lustspiel vom Verfasser der „Amerikanerin."

Für 1807 ist nur noch Tullia in: „Virginia," Trauerspiel von Soden, aufgeführt am 30. März ange= geben, und eine später gespielte Rolle so wenig aufzu= finden gewesen als eine frühere denn die vom 18. No=

vember 1802. Außer diesen jedoch repräsentirte sie innerhalb dieser Dauer folgende Partien:

Elisabeth in: „Der Schwätzer," ein fünfactiges Lustspiel, jedenfalls 1805 oder 1806.

Madame Anker in: „Die Erbschleicher," Lustspiel von Gotter.

Elisabeth in: „Don Carlos" von Schiller.

Baronin von Schönhelm in: „Der Ring," Schauspiel von Schröder.

Ludmilla in: „Otto von Wittelsbach," Schauspiel von Babo nach der Einrichtung vom Ritter von Heinsberg.

Gräfin Nottingham in: „Graf Essex," Trauerspiel nach Banks, Brocke, Jones und Ralph.

Die Gräfin in: „Menschenhaß und Reue," Schauspiel von Kotzebue.

Gräfin Julia in: „Fiesco" von Schiller.

Liddy in: „Die Indianer in England," Lustspiel von Kotzebue.

Eine Unbekannte in: „Des Ringes zweiter Theil oder die unglückliche Ehe durch Delicatesse," Schauspiel (Berl. 1789.)

Gräfin Amaldi in: „Der deutsche Hausvater oder die Familien," Schauspiel von Gemmingen.

Amalie Fersen in: „Der Herbsttag," Lustspiel v. Iffland.

Mamsell Serardini in: „Elise von Valberg," Schauspiel von Iffland.

Baronin in: „Der Spieler," Schauspiel von Iffland.

Die Gräfin in: „Figaro's Hochzeit oder der tolle Tag," Lustspiel von Beaumarchais.

Aemilia in: „Othello" von Shakespeare.

Clara Bruno in: „Der argwöhnische Ehemann", Lustspiel nach Hoadly von Gotter.

Engeltrud in: „Otto der Schütz," wahrscheinlich das Schauspiel von Hagemann.

Sophie Guilbert in: „Clavigo" von Goethe.

Natalie in: „Das Mädchen von Marienburg," fürstliches Familiengemälde von Kratter.

Frau Brendel in: „Die Kleinstädter" von Kotzebue.

Emilie Falk in: „Die Unglücklichen," Lustspiel von Kotzebue.

Die Geheimräthin in: „Der Hausfriede," Lustspiel von Iffland.

Jolanthe in: „Die Zauberin Sidonia," Schauspiel von H. Zschokke.

Gräfin Merwitz in: „Das Schreibpult," Schauspiel von Kotzebue.

Clementine in: „Der Besuch," Lustspiel von Kotzebue.

Cleopatra in: „Octavia," Trauerspiel von Kotzebue.

Gräfin Terzky in: „Wallenstein's Tod" von Schiller.

Elisabeth in: „Maria Stuart" ⎫ von
Agnes in: „Die Jungfrau von Orleans" ⎭ Schiller.

Ein Weiteres über ihre Wirksamkeit als Dresdner Hofschauspielerin hat sich aus den bis 1815 geführten und der nachherigen Generaldirection des Hoftheaters (allerdings sehr mangelhaft) überlieferten Acten nicht ergeben. Sie selber nennt ihren Aufenthalt daselbst „eine schöne, freudige Zeit, verlebt im Vereine der Geselligkeit, der Künste und des Berufslebens."

Uebrigens war sie die Erste, welche dort die Idee einer alljährlich wiederkehrenden außertheatralischen Gedächtnißfeier Schiller's anregte und am 30. December 1805 in der Ausführung durch Abhaltung eines musikalisch-declamatorischen Abends, im großen Gewandhaussaale, unter Betheiligung von achthundert Personen, voranging.

Im Bewußtsein der Fähigkeiten, ohne bestimmtes Engagement bei einer Bühne ihre Subsistenz zu beschaffen, wählte sie noch 1807 Frankfurt a. M. zum Wohnort, um von dort aus alljährlich Reisen durch Deutschland zu unternehmen und sich in den bedeutendsten Städten und Badeorten vornehmlich in Declamatorien und mimischen Darstellungen zu produciren. Es geschah überall mit dem glänzendsten Erfolge. In den nach Geburt, Rang, Reichthum wie Intelligenz auserlesensten Privatkreisen war sie ein gern gesehener, geachter Gast, nicht selten die höchstwillkommene Gefährtin auf größern Touren. So begleitete sie eine adlige Familie durch Holland, eine andere durch Frankreich. Bildung, elegante, fesselnde Erscheinung und vollendete gesellschaftliche Tournüre öffneten ihr die Zirkel der höchsten Aristokratie.

Leider finden sich in den mir zur Benutzung überwiesenen Aufzeichnungen von ihrer Hand nur einige wenige

zusammenhängende, sonst durchaus unvollständige Erinne=
rungen an ihre Ausflüge vor. Um so reichlicher sind
diese Blätter mit Naturbetrachtungen, Ergüssen einer,
schlechthin bezeichnet, frommen Weltanschauung, häuslichen
Bildern und Reflexionen über erlebte Familienscenen —
in gebundener wie ungebundener Darstellung — ange=
füllt. Im Sommer 1808 schreibt sie aus Baden, Hol=
stein, Hamburg, Dresden und Prag. Im nächsten Jahre
ging sie nach Wien, wo ihr aber infolge politisch=frei=
sinniger Aeußerungen eine sehr unerwartete Aufmerksam=
keit seitens der Polizei zu Theil ward. Man betrachtete
sie als eine sehr staatsgefährliche Person — zumal sie
bei ihrer ersten Vernehmung, die freilich zugleich auch
die letzte war, dem betreffenden Beamten sehr satirisch
geantwortet haben soll —, transportirte sie nach der
Bergstadt Schemnitz in Ungarn, setzte sie jedoch bald
wieder auf freien Fuß, da eine Prinzessin von Sachsen=
Meiningen von ihrem Schicksale zufällig in Kenntniß
gesetzt sofort für sie intervenirt habe. Darauf begegnen
wir ihr in Cassel; 1810 während einiger Wochen im
traulichen Kreise des Dichters Kosegarten in Greifswald;
darauf im Juli zu Stettin, wo sie, überall durch die
wirksamsten Empfehlungen herzlich und entgegenkommend
aufgenommen, den Auftrag erhielt, durch Dichtung und
Redevortrag zur Todenfeier der eben abgeschiedenen Köni=
gin Louise von Preußen, überleitend auf den Geburts=
tag Friedrich Wilhelm III. (3. August), mitzuwirken.

„Nimmermehr", schreibt sie, „werde ich der übergroßen
Versammlung von Männern und Frauen in dem Locale
der Maurerloge zu den drei goldnen Ankern vergessen,
welche in schwarzer und weißer Kleidung, in dem magisch
beleuchteten, düster decorirten Raum, ergriffen von der
Trauerfeier, im Innersten bewegt, da saßen. Von den
grauen Wimpern der Aelteren flossen die Thränen nieder;
die Rosenwangen der Jüngeren bleichte die gewaltige
Erregung der Herzen. Die dem Auge entzogene Instru=
mentalmusik wirkte, vereint mit den Gesängen weh= und
anmuthreicher Stimmen, überaus ergreifend, und die
Hieroglyphen, welche sichtbar die Auferstehungsherrlichkeit
versinnlichten, erhoben die bewegten Gemüther zu den
höchsten Spannungen." So war die Stimmung, als
sie eine Erhöhung zu betreten aufgerufen ward und von
dem Schauer des Ganzen getragen einen Epilog sprach,
mit dessen Schluß sie den die Tafel eröffnenden Toast
auf den verwittweten Monarchen verweben mußte.

Von hier ging sie nach Berlin. Vorher machte sie
indeß noch die Bekanntschaft des General Blücher, und
zwar in Stargard. „Schwerer Ernst ruhte auf seiner
Stirn, Thatenglut blitzte aus seinem Auge, ein schmerz=
reiches Lächeln zog sich um seinen Mund. Die harte
Hand der Zeit lag auf ihm. Dennoch war er zwischen=
durch heiter, und hörte einfache, geistreiche Dichtungen
sehr gern. Er mochte keine verschrobene, schwülstige Re=
densarten oder Dichtungen hören; trug es aber klar der

Wahrheit Gepräge, was man las oder sprach, oder auch der Laune und des Witzes, so war er leicht zur Rüh= rung oder zum Lachen zu bewegen." Im November 1813, nach einem kurzen Aufenthalte in Wiesbaden, traf sie den Feldmarschall in Höchst, wo er ihr eine halbe Stunde widmete, im Laufe des Gesprächs bemerkend, was sie beide in Stargard nur ahnend berührt, sei we= nigstens nun zur besten Hälfte verwirklicht. Bei seinem Tode befand sie sich in Cassel, wo sie blos flüchtig auf eine Todenfeier des Helden (15. October 1819) hindeuten durfte, als ihr die zahlreichen Verehrer desselben, der Stadt=Commandant an der Spitze, bei der Anordnung in jeder Weise Vorschub und hilfreiche Hand für äußere Würdigkeit leisteten.

Im Dezember des eben gedachten Jahres 1810 finden wir sie endlich noch einmal auf der Bühne zu Lübeck, wo sie infolge besonderer Einladung mehrere Gastvorstellungen gab, und unter Anderm als „Isabella" in der „Braut von Messina" und als „Johanna" in der „Jungfrau von Or= leans" durch ihre „seelenvolle Anmuth" und „die hinreißen= den Töne einer durch Stärke sowol als Zartheit begeistern= den Declamation" die Zuschauer erfreute, ja, wie ein Kritiker sagte, „die Leiden des Lebens ganz vergessen ließ".

Den Sommer von 1811 hatte sie größtentheils in Ham= burg zugebracht: für ihre Behandlung seitens der literatur= geschichtlichen Moralkritik das entscheidendste Jahr. Ein Decennium fast war seit dem letzten gegen sie geschleu=

derten Pasquill verflossen. Die Bosheit und jene Nie=
dertracht, die unter der Larve sittlichen Eifers sich nach
dem Henkeramte an dem Rufe Anderer drängt, schienen
vor ihr, wenigstens der Oeffentlichkeit gegenüber, für
immer abgelassen zu haben. Da erinnerte sie Reinhard
neuerdings an sich. „Figurez vous," schreibt Elise an
die schon bezeichnete Frau D—r, „ce qui m'est arrivé
hier! Une Messagère me remet un billet. Ne vou-
lant pas me désigner l'expediteur je lui barrai le
passage, et la retins. Eh bien! le croiriez-vous?
cet umpudent Reinhard, ou plutôt comme il s'appelle
maintenant, conseiller de Reinhard, dont je vous ai,
je crois, communiqué, il y a dix ans, les honteuses
propositions. Non que je lui en voulusse encore à
présent, car jai trop souvent vu dans ma vie, tout
ce que l'on croit pouvoir se permettre à l'egard d'une
actrice. Aujourd'hui, je sais positivement, que c'est
le même individu qui, il y a quelque dix-neuf ans, m'a
calomniée dans quelques feuilles publiques; oh! oui,
je sais parfaitement que c'est le même qui s'est
permis à Hannovre toute espèce de médisances
sur ma personne. Nous en reparlerons. Vous le
dirai-je? cet homme est assez éhonté pour me de-
mander un tête à tête! afin d'éclaircir, dit-il, quelques malentendus entre nous et d'oublier le passé.
Naturellement que je lui ai fait savoir que la personne m'étant inconnue, il n'était ni dans mes habitu-

des ni dans mon caractère d'avoir jamais un rendez-
vous avec un inconnu. J'apprends qu'il habite cette
ville et qu'il a l'intention d'y rester. Je suis fâchée
d'être forcée de repartir bientôt; le drôle va peut-
être s'imaginer que je redoute sa presense!! oh! non."
Diese Zeilen sind ohne Datum und jedenfalls nur Bei=
lage eines längern und nicht zugänglichen Briefes. Da
die Verfasserin aber auf Mittheilungen verweist, welche
keine andere sein können als die uns schon bekannten
vom 17. Juni 1800, da sie ferner Hamburg als Rein=
hard's Domicil angiebt, was weder vor noch nach 1811
dort gewesen (1812 zog er nach Altona, 1820 nach
Berlin), so sind wir für die Hauptsache im Klaren.
Mag er nun Löbliches oder Unfeines und Verwerfliches
mit seiner Anmeldung bezweckt haben, man darf als ge=
wiß annehmen, daß ein so grundsatzloser und eitler Mensch
sich nach der stolzen und empfindlichen Abweisung end=
lich zur Vollführung der angedrohten „Revanche", vor
welcher er bis dahin vielleicht immer wieder zurückscheute,
hingerissen fühlte. Genug, das Manuscript der „Ehe=
standsgeschichte" wanderte in demselben Jahre zur Druckerei.
Uebrigens mag hier die Bemerkung Platz finden, daß
die damaligen politischen Verhältnisse Deutschlands der
Verbreitung dieser Schrift nichts weniger als Vorschub
leisteten, daß sie auch wenig über die eigentlich literari=
schen Kreise hinausgedrungen. Auch soll nach einer zwar
unverbürgten aber keineswegs unglaubwürdigen Notiz,

welche ich dem kürzlich verstorbenen, als ausgezeichneten Bibliographen bekannten Buchhändler Zuchold verdanke, auf Reinhard's Veranlassung ein ansehnlicher Theil der abgezogenen Exemplare maculirt worden sein, möglicherweise aus innern wie äußern Beweggründen.

Im Jahre 1815 correspondirte Elise aus Karlsbad, Speier, Landau, Neustadt a. d. Haardt, Bamberg, Baireuth, Trier und andern Orten. Die angebliche Vorsteherschaft einer Mädchenschule in Regensburg in diesem und dem nächsten Jahre beschränkt sich wol auf einer jungen Damen dort ertheilten Cursus in der Declamation und Aesthetik. Von Frankreich kam sie 1818 nach Aachen, wohin sie der Congreß lockte; den lebendigsten Antheil an den politischen Ereignissen und sonstigen öffentlichen Vorgängen nehmend wußte sie stets, was ihr gewiß nicht zu verargen, sehr speculativ ihr persönliches Interesse damit zu verbinden. Uebrigens benahm sie sich immerdar furchtlos und zeigte selbst auf feindlichem Boden einen leidenschaftlichen Patriotismus ganz unumwunden.

In den meisten Wintern zog sie sich nach Frankfurt zurück, wo sie ununterbrochenes Domicil erst die letzten sechs Jahre genommen zu haben scheint, ohne ihrer regen Betriebsamkeit in musikalisch = declamatorischen Unterhaltungen und Unterrichten in den oben bezeichneten Fächern Pause zu gönnen, ebenso durch ihre materiellen Bedürfnisse wie durch geistige Rastlosigkeit dazu ange-

trieben. Es darf hiebei nicht verschwiegen werden, daß
der große, in seinem Fache unübertroffene Schauspieler
Hermann Hendrichs einer ihrer Schüler gewesen.
Sowol längere Zeit vor seinem Betreten der Bühne als
noch während seines ersten Engagements in Frankfurt
a. M. erhielt er ausschließlich durch sie dramatische
Specialunterweisung. Und es mag nicht uninteressant
sein zu erfahren, daß sie von ihm nur ein Honorar von
36 Kr. für die Stunde nahm. Das Talent, sagte sie,
sollte nie an der Armuth verkümmern oder zu Grunde
gehen! und Hendrichs war damals arm. Höchstens
duldete sie es, daß er ihr andere kleine Dienste leistete,
von denen ich gleich sprechen werde, und sie an ihrem
Geburtstage mit einer Gabe erfreute, welche mehr nach
der Liebe und Verehrung des Spenders als nach
ihrem Werthe an sich beurtheilt werden mußte.

Drei Jahre vor ihrem Tode traf sie das harte Loos
der Erblindung. Hatte sie aber auch wenig oder nichts
gespart, fiel sie doch keiner kümmerlichen Lage anheim,
nicht der Bitterkeit der Almosenempfängniß, wie ihr
andererseits weder vor der Zukunft bangte noch ein ge=
wisser Humor verloren ging. „Achtung und Sympa=
thien für mich," ließ die 63jährige Frau im März
1832 einer noch lebenden, damals jugendlichen Dame
in Berlin schreiben, „sind mit meinem Augenlicht nicht
erloschen, und Gott dem Allgütigen sei Dank! die Kraft
meines Geistes ist noch nicht erlahmt. Der Ertrag

meiner gestrigen Soiree reicht für ein ganzes Jahr aus,
und es bleiben auch noch die Kosten zu der Operation
übrig, auf die ich hoffe, so wenig es scheinen will, daß
sich meine Freunde davon etwas versprechen." Selten
verging außerdem eine Woche, wo nicht eine oder etliche
Bestellungen von Gedichten zu besondern Gelegenheiten
eingingen. Die Besteller erhielten dieselben meist sogleich
in die Feder dictirt, und der stehende Preis für jede
solcher, nach Inhalt und Form selbstverständlich nicht
immer werthvollen Anfertigungen ex improviso war
zwei Brabanter Thaler. Bisweilen empfing sie auch
mehr, und dies machte sie wahrhaft glücklich, weil sie
dann ihrem unbegrenzten Hange zum Wohlthun um so
besser willfahren konnte. Wenigen Menschen, schreibt
Hendrichs an mich, dürfte gleich ihre so unendliche
Herzensgüte und so werkthätiges Mitgefühl für die
Noth Anderer nachgerühmt werden. Viel wurde sie
in Anspruch genommen; ihre Schwelle war nie frei von
Bedürftigen oder bedürftig Scheinenden, die häufig mehr
bei ihr suchten als sie in Wirklichkeit besaß. Oefter kamen
Tage, wo sie eben nur für sich das Allernöthigste hatte
und doch den Bitten Anderer offene Hand zeigen wollte.
Da mußte ihr Hendrichs, der sie auch regelmäßig über
die politischen Tagesneuigkeiten unterrichtete, die Namen
der Neuvermählten aus dem Frankfurter Intelligenzblatte
mittheilen und im Moment verfaßte versificirte Gratula=
tionen zu Papier bringen, welche in kalligraphischer

Abschrift durch ihren Schreiber den jungen Eheleuten
überschickt und von diesen fast stets honorirt wurden.
Man glaubte just eine Blinde um Gotteswillen zu be=
schenken, und ward doch lediglich das Mittel zum Be=
schwichtigen der Bedrängniß Dritter. Nicht selten opferte
sie letzterer jede Rücksicht gegen sich selber. „Ich erinnere
mich noch sehr lebhaft des Tages," gedenkt Hendrichs
eines Falles, „wo ein alter Schauspieler, mit dem Frau
Bürger auf ihren Gastspielreisen zusammengetroffen, auf
sein Ansprechen um eine vollkommene begründete Unterstü=
tzung augenblicks die Hälfte ihrer gerade sehr zusammen=
geschmolzenen Baarschaft bekam. Als ich ihr mein Be=
denken über diese Theilung nicht verschwieg, erwiderte
sie: 'Ach, Gott wird schon weiter helfen!' Als ich des
andern Nachmittags bei ihr eintrat, rief sie mir lebhaft
entgegen: 'Sagte ich es Ihnen nicht voraus, da ich
gestern meine letzten 48 Kreuzer theilte, Gott wird schon
weiter helfen? Sehen Sie, hier halte ich drei Brabanter!
Heute Morgen, fuhr sie freudig fort, und dabei rollten ihr
die Thränen aus den erloschenen Augen, kam die reiche
Frau S . . . . . zu mir, verlangte ein Gedicht zum Ge=
burtstage ihres Enkels, nannte mir auch die verschie=
densten Dinge: eine Reitpeitsche, guten Fleiß, ein
Schaukelpferd, langes Leben, eine Trompete und der=
gleichen durcheinander mehr, die alle in der Begrüßung
angeführt werden sollten, — und fragte zuletzt nach dem
Preise eines solchen Gedichts. Ich forderte wie immer

zwei Brabanter. Damit einverstanden ersuchte sie mich
an's Werk zu gehen. Die Aufgabe fiel mir augenblick=
lich nicht leicht. Doch ich dachte daran, daß meine
Börse um so leichter war, dieser Umstand verschaffte die
nöthige Inspiration, ich improvisirte, Frau Banquier
S..... schrieb, und zahlte schließlich für meine Verse
nicht zwei, sondern diese drei Brabanter Thaler. Ich
behalte aber nur zwei zurück; den dritten schicke ich dem
unglücklichen R* in Augsburg sammt mehreren von
mir und meiner Freundin D* abgelegten Kleidern.
Damit kann er doch seinen Kleinen einen frohen Weih=
nachtsabend bereiten. Das Packet will Herr Krebs durch
Buchhändlergelegenheit befördern, um das Porto zu
sparen, — ach, und ich bin am heiligen Abend um eine
beglückende Erinnerung reicher.' Ja, sie war eine in jeder
Hinsicht ausgezeichnete Frau, und es ist empörend, daß
man sie so vielfach verkannt und unverantwortlich ge=
schmäht hat."   .

Ihre Freunde täuschten sich in Betreff der Augen=
operation nicht. Ohne Erfüllung ihrer Hoffnung hörte
Elise am 24. November 1833 auf sterblich zu sein.
Ruhig, Gott vertrauend und ein ewiges Leben hoffend
hauchte sie ihr Dasein aus. Hermann Hendrichs stand
an ihrem Lager, als sie verschied. Er vernahm ihre
letzten Worte und ihre letzten Seufzer; er drückte ihr die
Augen zu und wandt der Dulderin den verdienten Lor=
beer um die Schläfe.

13*

Ueberraſchend war die Kunde von ihrer Ereilung
durch die Hand des mildeſten Genius, der unſeres
nichtigen Lebens Schritten folgt. Noch einige Tage
vorher gedachte ſie eine muſikaliſch=declamatoriſche Abend=
unterhaltung in Karlsruhe zu veranſtalten. Die er=
forderlichen Einleitungen waren geſchehen. Da aber
ſetzte man ihr von einer gewiſſen Seite her ganz uner=
wartete Hinderniſſe entgegen, welche ihr eine Alteration
bereiteten, der ſie in wenigen Stunden erlag.

Faſt nichts ward vorgefunden, wovon die entſeelte
Hülle der Erde hätte übergeben werden können. Ihre
Freunde jedoch, Hofrath Berly an der Spitze, deckten
ſofort die Koſten zu einem würdigen Begräbniß.

Ein einfacher, kleiner Zug, wie es die Verſtorbene
ausdrücklich gewünſcht, bewegte ſich am 26. November
zur Stätte der Verweſung: Berly, Hendrichs, der
Schreiber und die Wärterin der Dahingeſchiedenen —
ſie waren es, welche Eliſen die letzte Ehre erwieſen.
Draußen auf dem Friedhofe aber harrten der Freunde
noch viele, und viel Volks ſammelte ſich bald und viele
Thränen floſſen, geweint um ein vielgeprüftes und be=
währtes edles Gemüth, deſſen Regungen und Bethäti=
gungen nunmehr geendet.

Rauh und ſtürmiſch war der Morgen ihrer Beſtat=
tung — rauh und ſtürmiſch wie ihre Ehe.

V.

Literarische Thätigkeit.

Wir können unsern Versuch, Elise Bürger ein besseres, geklärteres Andenken in der Gegenwart und Zukunft zu bereiten, so weit es mit der Wahrheit zu bestehen vermag, nicht abgethan sein lassen, ohne noch in aller Kürze eine andere, nothwendig schon berührte Thätigkeit derselben in's Gedächtniß zurückzurufen.

Trotz ihrer fast unausgesetzten Wanderungen, ihrer ungemeinen künstlerischen wie schlechthin erwerbsmäßigen Geschäftigkeit, fand sie doch noch Zeit zu literarischer Productivität. Freilich hat sie damit keine neue Epoche hervorgerufen — welche deutsche Schriftstellerin hätte denn das? — allerdings steht sie selbst mancher ihres Geschlechts darin nach, sie hat sich damit kein hehres, immer schärferen Wehen der Vergessenheit widerstehendes Monument errichtet; — aber auf dem Friedhofe unseres Schriftenthums schimmern tausend und abertausend kleine Denksteine mit mehr oder minder verwischter Inschrift, die kein verständiger Waller, kein sinniger Beschauer miſſen mag, weil ſie ebenfalls Zeugniß ablegen, jeder in nothwendig beſonderer Graphik, von dem Werde= prozeß unſerer Literatur; weil die großen Monumente unbegreiflich wären ohne ſie, ja weil man ihre Größe überhaupt nicht mehr gewahrte. Wir würden die Sonne verwünſchen, wenn wir nicht den Abend und die Däm= merung hätten und das nächtliche Firmament unſerm Auge leer bliebe. Einen ſolchen kleinen Denkſtein hat ſich auch Eliſe Bürger innerhalb des ihrem Geſchlechte auf jenem Friedhofe angewieſenen Raumes erworben, und in der That iſt er bis auf dieſen Tag niemals gänzlich überſehen worden.

Von vollſtändiger Aufzählung ihrer Schriften muß ich indeſſen abſehen, da mehrere nicht in den Buchhandel gekommen. Dennoch wird mein Regiſter ausgiebiger ſein als jedes andere.

Eine glückliche ſelbſtändige Einführung unter die deutſchen Schriftſtellerinnen waren die „Irrgänge des weiblichen Herzens" (Hamb. u. Altona 1799, 2. Aufl. Jena 1812); überall als ein dankenswerthes Buch be= grüßt, das die Frauen durch das Labyrinth der ihnen eigenen Thorheiten, Schwächen und Launen zu führen, ihnen aus fremder Erfahrung Lebensweisheit zu lehren und ihre wahre Beſtimmung erkennen zu laſſen, in fließender und gewinnender Schreibart die Abſicht hatte.

Hieran ſchließt ſich: „Mein Taſchenbuch, den Freundlichen meines Geſchlechts geweiht" (Dresden und

Pirna 1804—5, 2 Bde., neue Ausgabe 1809, 2. Aufl. Pirna 1811. Auch unter dem Titel: „Taschenbuch für erwachsene Mädchen und Frauen.)"

Von ihren „Gedichten" (Hamb. 1812) läßt sich rühmen, daß sie sich in ungekünstelten Gefühlen, in leichter, flüssiger Darstellung und sehr gewandter Be- handlung des Reimes bewegen.

Ihren Patriotismus bethätigte sie in und mit den „Kriegsliedern" (o. O. [Wiesbaden] 1813), dann in den „Liedern am Rhein gedichtet, auf den heiligen Krieg der Jahre 1813 und 1814" (o. O. 1814), und in den „Liedern, dem heiligen Kriege für die Rettung der Völker gesungen" (o. O. 1814). Diese auf ihre Kosten hergestellten, begeisterten und auch begeisternden Lieder, zum Theil den besten Arndt'schen aus dieser Zeit eben- bürtig, sind ohne Ausnahme an die Vaterlandskämpfer gratis vertheilt worden; namentlich erhielt jedes wür- tembergische Regiment vierzig Freiexemplare. Der Oberst und Commandeur des 4. Linien = Infanterie = Regiments, Eugen Freiherr von Imhof auf Mörlitz, stattete ihr in folgenden Zeilen seinen Dank ab;

„Wertheste Frau Professorin!

Das gütige Geschenk der Lieder des heiligen Krieges von einer patriotischen Landsmännin war eine uns sehr erfreuende Gabe; genehmigen Sie daher unsern lebhafte- sten Dank dafür. Wenn wir in diesem heiligen Kriege nicht mehr nur als militärische Automaten unsere Aufgabe löſten, ſondern als deutſche Männer uns ſehnten, den obliegenden Makel zu tilgen, beweiſen wollten, daß der Deutſche durch pünktliche Befolgung des (wenn auch durch die Zeitumſtände ſchrecklichſt) Gebotenen dennoch das Gefühl zu bewahren weiß für die heilige Sache, für's Vaterland, ſo muß es allen Denen, die ſo fühlen, wohlthuend ſein zu ſehen, daß auch der hehre Sinn der Barden nicht erloſchen iſt unter uns. Wären dieſe immer in dem vormaligen Anſehen geblieben, wir hätten nicht bedurft Schmach zu vergüten, uns vor Hermann's Schatten zu ſchämen. Möge deutſcher Sinn und Kraft uns Deutſche, Weltbürgerſinn alle Andern, Einfluß habende neu beleben. Möchten ſie die Würdigkeit be= ſtätigen, von einer deutſchen Bardin beſungen zu werden, die der deutſche Soldat mit aller Hochachtung begrüßt (Ulm. 6. September 1814)."

Aber ſchon früher hatte ſie ihrem zornglühenden Nationalgefühl poetiſchen Ausdruck geliehen, und zwar unter Umſtänden, welche ihr leichtlich das Leben gefähr= ten konnten. An einem jener Tage nämlich, die un= heilvolle Schatten über das Sachſenland warfen, ſo ſonnig ſie ſchienen, ſahen ſich die Dresdner, in deren Mitte Eliſe noch weilte, mit einer jener hündiſchen Speichelleckereien regalirt, welcher patriotiſche Gemüther nimmer ohne Scham gedenken werden. Ein elendes Individuum, das nachmals bedeutend geſtiegen ſein ſoll, hatte ſich dazu hergegeben, „frohe Empfindungen bei der Ankunft Sr. Majestät des Kaisers der Franzosen und Königs von Italien, Napoleon des Großen, in der Residenzstadt Dresden — 1807" wie folgt auszusprechen:

„Auf, dränge dich heraus aus deinen Gassen,
    Napoleon der Große naht!
Dank's fremden Völkern, daß sie IHN von sich gelassen!
    O Dresden, neidenswerthe Stadt!"

„Hörst du den lauten Donner der Kanonen,
    Der schmetternd durch die Luft sich reißt?
Hörst du den Jubelschall von Millionen,
    Womit man IHN willkommen heißt?"

„Sieh, wie Dein König, Friedrich August der Gerechte,
    Sich SEINER hohen Ankunft freut;
Wie er mit Eintracht und voll Freundschaft IHM die Rechte
    Zum seligsten Willkommen beut!"

„O! sei willkommen uns im Sachsenlande,
    NAPOLEON, willkommen hier!
Dreimal willkommen an der Elbe Strande,
    Längst huldigten die Herzen DIR!"

„Und du, o Elbe, glückliches Gewässer,
    Rausch SEINEN Ruhm zum Ocean,
Sag's allen Meeren, sag: NAPOLEON ist größer,
    Als unsere Muse singen kann.

„Drum schweige, Lied, und hemme nicht das Volksgedränge,
    Das IHN zu sehen sich drängt und drückt;
Stimm' in den Jubel, den die wonnetrunkne Menge
    Jetzt durch die Luft laut jauchzend schickt."

„Und du steh', Sonne, still am Firmamente,
Verdopple deiner Tage Licht!
Laß uns den Göttlichen beschauen sonder Ende,
Von Angesicht zu Angesicht!"

Kaum war der Schwäbin dieser widerliche Scla=
vengesang zu Ohren gedrungen, als ihr, wie glaub=
würdig erzählt wird, in dithyrambischen Versen „hei=
lige Empfindungen der Rache bei Ankunft des cor=
sischen Eroberers in der Residenzstadt Dresden" entström=
ten, welche sie zur Nachtzeit an eine Hausecke des Alt=
markts schlug. Sehr begreiflich riß die Polizei das
Placat nach Tagesanbruch herab und fahndete auf die
verwegene Hand, die solche verbrecherische Worte ge=
schrieben; doch entging die Verfasserin glücklich allen
Nachforschungen. Leider besitzen wir aus ihrem Nachlasse
wol ein Exemplar des obigen Flugblattes (das man auch
ein Fluchblatt nennen könnte), aber von der Entgeg=
nung nichts als das allgemeine Factum, von dem noch
heute in Dresden die Erinnerung nicht erloschen ist.

Den in ihren „Lilienblättern und Cypressenzweigen"
(Frankf. 1826) enthaltenen Gedichten können wir unmög=
lich gleich andern den Vorzug vor den 1812 erschienenen
einräumen, da aus den meisten ein zwar keineswegs
widrig andächtelnder, aber doch narkotischer religiös
sentimentaler Hauch uns entgegenweht. Gesänge wie
der nachstehende gehören zu den rühmenswerthern Aus=
nahmen:

An die Zeitgenossen.

In der Zeitbedrückung
Soll die Jugend reifen,
Daß zur Weltbeglückung
Ring' in Ringe greifen;
Thränen fließen oft im Stillen
Vaters Willen
Zu erfüllen;
Doch aus Thränensaaten
Sprießen Freudenthaten.

Ist die Welt gewendet,
Manches trüb geworden,
Wird doch Rath gesendet
Sicherlich von Dorten!
Ziehet Gott auf Dornenwegen
Uns entgegen,
Seinem Segen
Hellt er auch die Bahnen
Die wie dunkel ahnen.

D'rum empor gericht' den Sinn,
Und in sich empfunden,
Wie der Glaube bringt Gewinn
In des Kummers Stunden!
Böses aus dem Sinn geschlagen,
Gutes wagen
Ohne Fragen,
Dies nur kann uns führen
Uns nicht zu verlieren.

Wechsel bietet jede Zeit;
Denn seit allen Tagen
War das Gestern niemals Heut;
Warum — Ist's zu fragen?
Hohe müssen oftmals fallen
Niedre wallen
Groß vor Allen,
Werden Stoff für Lieder
Und der Stolz der Brüder.

Auf, mit Gottes Regiment
Selbst auf Dornenwegen!
Jeder der das Ziel erkennt
Eil' ihm froh entgegen.
Was von dort ihm vorgeschrieben
Muß er üben;
Treulich lieben
Stets das Allgemeine,
Denn dies ist das Seine!

In dem zweiten Theile jenes Buchs bewährte sie
ein schon in vergangenen Jahren dargethanes anmuthi=
ges Geschick zum Erzählen.

Für das Theater schrieb sie: „Adelheid, Gräfin von
Teck, Ritterschauspiel in 5 Aufzügen" (Altona 1799);
„Sämmtliche theatralische Werke. Erster Band: Das
Bouquet. Die Heirathslustigen" (Lemgo 1801). „Das
Opfer der Grazien, allegorisches Vorspiel zum Geburts=

tage des Königs von England" (o. O. 1802), in Han=
nover und Celle wiederholt mit großem Beifalle auf=
geführt. „Die Ueberraschung, ein Familiengemälde in
1 Aufzuge, als ein Prolog zum Geburtstage Ihrer
Majestät der Königin Charlotte [von Hannover]"
(Hannover 1804), von mehreren preußischen Bühnen=
directionen als Prolog zum Geburtstage der Königin
Louise benutzt. „Clara von Montalban, Trauerspiel
in 5 Acten" (o. O. 1825), 1819 in Frankfurt a. M.
zum erstenmale in Scene gesetzt. Ein besonders in
Süddeutschland viele Jahre hindurch mit größtem Bei=
fall dargestelltes Nationalstück: „Die schwäbische Bäurin"
ist meines Wissens niemals gedruckt worden. So oft
sie konnte spielte sie darin die Hauptrolle, eine der
wenigen, worin sie nach dem Abgange vom Theater
überhaupt mit Vorliebe hie und da gastirte. „Schillers
Gedächtnißfeier" hat sich nicht einmal handschriftlich
erhalten.

Einzelne Gedichte und Aufsätze findet man außer=
dem im „Journal für Theater und andere schöne Künste"
(1797); in Lang's Almanach der geselligen Freuden
(1797); im Frankfurter Journal (1803); in Wieland's
neuen deutschen Mercur (1805); in der Stettiner Zeitung,
in der Iris, in Raßmann's Mimigardia (1811 u. 12);
in dessen Abenderheiterungen (1816); im Morgenblatt
(1821) und in der Abendzeitung (1821), wo sie Lud=
wig Tieck einführte.

Wie verschiedenartig aber auch der Werth dieser Arbeiten sein mag, sie sind alle wenigstens achtungswerthe Mitzähler eines ungemein thätigen und anregend nützlich verbrachten Daseins.

Das Project der Gründung eines Journals für Frauen scheiterte an unbekannten Hindernissen.

Anmerkungen.

Zu S. 2. Marianne Ehrmann wurde am 25. November 1753 zu Rapperswyl bei Zürich geboren*) und nach dem frühzeitigen Verluste ihrer Eltern im Hause ihres Oheims väterlicherseits, des nachmaligen fürstlich Kempten=schen geistlichen Geheimrath Dominicus von Brentano (aber nicht von demselben) erzogen. Danach eine Zeit lang in untergeordneten Verhältnissen und bei Verwandten bald hie bald da lebend, ging sie 1775 eine Ehe ein, welche mit dem Verschwinden ihres Mannes und des größten Theiles des beiderseitigen Vermögens endete. Sie suchte hierauf in Wien eine Stellung als Erzieherin, konnte sie aber nicht nach Wunsch erlangen, und betrat deshalb die Bühne unter dem Namen einer Frau Sternheim. In dieser Beschäftigung nach Straßburg verschlagen, entsagte sie dort einer Lauf=bahn, zu der sie kein besonderes Talent und noch weniger Neigung besaß, um sich von literarischen Arbeiten zu er=nähren. Dort lernte sie ihren zweiten Gatten kennen, mit welchem sie im Sommer 1788 nach Stuttgart zog und an seiner Seite daselbst am 14. August 1795 verstarb. Ihre selbständigen, literarisch zwar unbedeutenden, aber doch von einer für ihr Geschlecht sehr beachtungswerthen Bildung

---

*) Ihr Geburtstag ist nirgend richtig angegeben, bald steht 1735 bald 1755.

zeugenden Schriften sind: „Müßige Stunden eines Frauen=
zimmers" (Kempten 1784). „Philosophie eines Weibes"
(Kempten 1784, 2. Aufl. ebb. 1785, und auch in's Fran=
zösische übersetzt). „Leichtsinn und gutes Herz, oder Folgen
der Erziehung; ein Originalschauspiel in 4 Aufzügen"
(Straßburg 1786). „Amalie; eine wahre Geschichte in
Briefen" (Bern 1787, 2 Theile). „Nina's Briefe an ihren
Geliebten" (Bern 1787). „Graf Bilding; eine Geschichte
aus dem mittlern Zeitalter" (Isny 1788). „Kleine Frag=
mente für Denkerinnen" (Isny 1788). „Erzählungen"
(Heidelb. 1795). Die Monatsschrift „Amaliens Erholungs=
stunden" erschien bis Ende 1792 zu Stuttgart, dann in
zwei Jahrgängen zu Zürich (1793—94) unter dem Titel:
„Die Einsiedlerin aus den Alpen; eine Monatsschrift zur
Unterhaltung und Belehrung für Deutschlands und Helve=
tiens Töchter." Eine Auswahl hinterlassener „moralischer"
Schriften veröffentlichte ihr Mann als „Amaliens Feier=
stunden" (Hamb. 1796—98, 3 Theile.)

Theophil Friedrich Ehrmann kam am 25. October 1762
in Straßburg zur Welt, und verschied, ohne jemals eine
öffentliche Stellung bekleidet zu haben, am 23. April 1811
zu Weimar. Seine verdienstlichste Thätigkeit erstreckte sich
auf die Fortsetzung der von Sprengel begonnenen „Biblio=
thek der neuesten und wichtigsten Reisebeschreibungen zur
Erweiterung der Erdkunde". Noch immer sehr brauchbar
ist auch seine „Geschichte der merkwürdigsten Reisen, welche
seit dem 12. Jahrh. zu Wasser und zu Lande unternommen
worden sind" (22 Bde. Frankf. 1791—99). Außerdem
haben wir von ihm einen „Grundriß der europ. Staaten=
kunde" (Stuttg. 1791); „Bibliothek der neuesten Länder=
und Völkerkunde" (4 Thle., Tüb. 1791); das Journal

„neueſte Staatsanzeigen" (6 Bde., Germanien 1797 ff.);
in Gemeinſchaft mit J. H. G. Heuſinger die Fortſetzung von
„Plant's Handbuch einer vollſtändigen Erdbeſchr. u. Geſch.
Polyneſiens" (Leipz. 1793 u. 99); die theilweiſe Bearbeitung der 2. Aufl. von Gaspari's vollſtändigem Handbuche
der neueſten Erdbeſchreibung" (4 Bde., Weimar 1802 ff.);
den erſten Theil eines „allgemein. hiſtoriſch=ſtatiſt.=geogr.
Handlungs=, Poſt= und Zeitungslexikon" (Erfurt 1804 ff.,
den 2. und 3. Theil von Heinrich Schorch); eine Ueberſetzung von Volney's „Schilderung der vereinigten Staaten
von Nordamerika" (Weimar 1804); eine „geogr.=ſtatiſt.
Ueberſichtstabelle aller Erdtheile" (Erf. 1805); „neueſte
Kunde von Portugal und Spanien" (Weimar 1806);
„neueſte Kunde von Frankreich (ebd. 1806); „neueſte
Kunde der nordiſchen Reiche Dänemark, Norwegen und
Schweden" (ebd. 1807); „neueſte Kunde vom ruſſiſchen
Reiche in Europa und Aſien" (ebd. 1807); „neueſte Kunde
der Schweiz und Italiens" (ebd. 1808); eine Ueberſetzung
von Silveſtre de Sacy's „neueſten Beiträgen zur Kunde der
aſiatiſchen Türkei" (ebd. 1809); eine „neueſte Kunde von
Afrika" (2 Bde., ebd. 1810); eine „pragmatiſche Geſchichte
der europ. Staaten ſeit dem Anfange der franz. Revolution"
(3 Theile, Gotha 1810 f.) und eine „neueſte Kunde von
Aſien" (3 Theile, Weimar 1811 f.). Von ſeinen belletri-
ſtiſchen Arbeiten mögen hier noch genannt werden: „Die
unglücklichen Eheleute" (aus dem Franz. Straßburg 1785,
2 Bde.). „Der Luftwagen oder die Reiſe in den Mond"
(ebenfalls aus dem Franz. Straßb. 1785). „Frauenzimmer=
Zeitung" (Kempten 1787, 2 Bände). „Abalſoraddin der
Weiſe, eine Sammlung neuer morgenländiſcher Erzählungen"
(Straßburg 1788). „Lilienblätter; Erzählungen mancherlei

Art aus den Papieren einer kleinen literarischen Gesellschaft"
(Offenb. 1793). „Erzählungen, Skizzen und Fragmente"
(Berl. 1794).

Zu S. 3, das Gedicht betreffend. „———— Es
kommt nichts darauf an und ich will auch kein Wesens da=
von machen; doch wenn Sie behaupten wie ein Diplomat
verfahren zu sein, so kann ich Ihnen kein Tüpfelchen erlassen,
geschweige Worte zum Vertauschen schenken. Da haben Sie
denn nun das Register Ihrer Verbrechen rc." Folgen die
minutiösesten Berichtigungen der beiden Abdrücke im „Be=
obachter" und in den „Briefen von G. A. Bürger an
Marianne Ehrmann". Obige Zeilen sind kurz nach Er=
scheinen dieses Büchelchens abgesendet. Und nicht sowol
die an sich unerheblichen Correcturen der Verfasserin als der
Umstand, daß die erste Fassung des Gedichts in Folge der
spätern von Bürger veranlaßten Umarbeitung (Werke,
herausgeg. von Reinhard, Berlin 1823 II. 193 f.) fast
gänzlich außer Gedächtniß gerathen, haben mich zur Wieder=
aufnahme desselben bestimmt. Ich selber war früher des
Glaubens, die ursprüngliche Niederschrift habe mit den Wor=
ten begonnen: „Ich bin ein Mädchen aus Schwaben", wie
man bei Hillebrand u. A. angegeben findet. Dieser Irrthum,
denn nicht ein einziger derartiger Vers rührt von Elise
Bürger her, hat sich um so leichter auch in meine „Ge=
schichte der komischen Literatur in Deutschland seit der
Mitte des 18. Jahrhunderts III. 258 eingeschlichen, als
es dort, wie schon bemerkt, gar nicht auf genaue Unter=
suchung der Entwickelung des so romanhaften Verhältnisses
ankam.

Zu S. 6. Elise ward den 17. November 1769 geboren, nicht, wie mehrfach angegeben worden, den 19. November oder December.

Zu S. 9. Das Gedicht ist in der „poetischen Blumen= lese auf's Jahr 1791" S. 114 an .. Y.." überschrieben, in den Gesammt=Ausgaben „an Elise" (bei Reinhard II. 198 f.). Die Verweisung auf das Jahr 1790 ist mit= hin irrig.

Ehrmann versichert, jene Beilage wäre versiegelt gewesen; seine Frau wandte sich aber mit Worten an Elise, welche deren Behauptung, sie habe das Gedicht unversiegelt em= pfangen, bekräftigen. So geringfügig dieser Umstand an sich erscheinen dürfte, fällt er doch für die Beurtheilung der Vermittler in's Gewicht. Frau Ehrmann will übrigens schon früher die Bekanntschaft der Frau Hahn gemacht und ihr Besuche abgestattet haben. Verschiedene Zeilen ihres Gatten widersprechen einigermaßen dieser Angabe, und Elise sagt ausdrücklich, daß die Verfasserin von Amaliens Erho= lungsstunden sich damals zum erstenmale in ihrem Hause gezeigt habe. Auch das ist nicht ganz gleichgiltig.

Zu S. 11. Derselbe Conrad Naft, der an Sprenger's Buch über den Weinbau Antheil hat, gestorben am 19. September 1793.

Zu S. 16. Von dem Briefe vom 10. December habe ich blos das Concept gesehen.

Zu S. 17. Bürger deutet im Eingange dieses Briefes auf eine Fieberkrankheit hin, von welcher er heimgesucht worden.

14*

Zu S. 23. Die dort gesperrt gedruckten Zeilen sind von Ehrmann unterdrückt worden, vermuthlich seine Frau nicht bloß zu stellen, auf deren Reinwaschung es ja von ihm mit abgesehen war. Aus diesem Grunde hat er wol auch die Briefe seiner Frau nicht zum Abdruck gebracht, es müßte denn sein, daß er davon weder Concepte noch Copien gefunden, was kaum zu glauben.

Zu S. 26. 3. 9. „Sparsam" war ein übel gewählter Ausdruck, ein schlechtes Synonym für prickelnd geheimnißvoll.

Zu S. 26. 3. 19. Das Bild vor der 2. Ausgabe seiner Gedichte (Göttingen 1789). Althof, dem ein competentes Urtheil zustand, erklärte, daß es von allen übrigen Bildnissen dem Total = Eindrucke nach ihm als ähnlichstes erschienen sei.

Zu S. 29. Ein junger Stuttgarter, der in Göttingen studirte, hatte ihm gesagt, wenn die Dame mit ihrem Taufnamen Elise heiße, könne es bei seiner genauen Bekanntschaft in der vornehmen Frauenwelt daselbst keine andere sein als Elise Hahn. (Anmerkung von fremder Hand in Elisens hinterlassenen Papieren.)

Zu S. 32, den Bericht der Frau von der Recke betreffend: Gesellschafter 1823, 751 f. Döring, Bürger's Leben 251 f. G. Zimmermann ist dieser Schilderung in seinen „Genien der deutschen Poesie" (Herrig's Archiv XV. 131 f.) sehr unkritisch gefolgt.

Zu S. 36. Frau Ehrmann zeigte nach Elisens Versicherung die Briefe und zeigte sie auch nicht, je nach dem. — Die Andeutung in Betreff des jungen Cavaliers ist dunkel und bezieht sich jedenfalls auf eine Stelle in dem berührten, mir in keiner Weise zur Kenntniß gelangten Briefe der Frau Ehrmann, worin sie vermuthlich selber eine bloß un= bestimmte Anspielung gemacht, um des Dichters Eifersucht zu erregen und ihn somit zu directen und entschlossnern Schritten zu bewegen.

Zu S. 37. Weitere Zuschriften sind der Vermittlerin von Bürger keine geworden.

Zu S. 38. Authentische Angaben über Elisens Ge= sammtvermögen fand ich keine. Nicht anzunehmen ist, daß die Ehrmann an erster Stelle genaue Erkundigungen ein= gezogen, weil dies eine mit ihrer sonstigen Feinheit unver= einbare und ihre Rolle leicht verpfuschende Plumpheit ge= wesen wäre. Sie folgte entweder der bei vermöglichen Leuten meist zur Uebertreibung geneigten Schätzung der Menge, oder sie taxirte selbst nach allgemeinen Andeutungen der Betreffenden, wohl wissend, wie bei Bürger's allbekann= ten schlechten ökonomischen Verhältnissen einiges Hochgreifen von wesentlicher Wirkung sein müsse. Uebertreibung lag aber vor. Denn einem Kaufmanne in Frankfurt a. M., der sich wegen eines Darlehns an sie gewendet, (seine Frau stand mit ihr in freundlichster Beziehung) antwortete Elise in französischer Sprache (1814): „Man hat Sie übel unter= richtet. Ich bin nicht so reich, um Ihnen helfen zu können, ja ich bin nie so reich gewesen, als daß ich jemals eine solche Summe hätte hergeben dürfen. Nicht zu sagen was mir im Laufe der Zeit von meinem Erbtheile übrig ge= blieben, war es niemals der Art, daß ich von den Interessen desselben meine Bedürfnisse zu bestreiten vermocht hätte, auch wenn ich jeden

Luxus fern hielt. Da ich dies aber nicht that und nicht thun wollte, auch zu viel Ehrgefühl besaß meinen Verwandten lästig zu fallen, mußte ich schon vor 17 Jahren auf einen Ernährungszweig sinnen, sollte mein Capital nicht bald davonfliegen". „— — — Meine Reisen haben mich Manches gekostet. Entbehren und gut rechnen hat man mir in der Jugend nicht gelehrt. Letzteres fing ich aus Mutter= liebe erst vor sieben Jahren an, aber eifrig. Zu manchen Entäußerungen hat mich meine Gutherzigkeit verleitet, um Beträchtliches bin ich durch unbesonnenes Vertrauen auf die Ehrlichkeit der Menschen betrogen worden".

Zu S. 41. Zuerst gedruckt in der „poetischen Blumen= lese auf's Jahr 1791" S. 116 f. In der Reinhard'schen Gesammtausgabe II. 329 f., hat aber nicht in allen po= stumen Sammlungen der Bürger'schen Dichtungen Aufnahme erhalten. Die pseudonyme Unterzeichnung ist Bürgern ent= lehnt, der einige poetische Kleinigkeiten unter dem Namen „Dietrich Menschenschreck" in die Welt schickte.

Zu S. 43. Das Gedicht erschien im Druck zuerst in der „poetischen Blumenlese auf's Jahr 1791 S. 118 f. Bei Reinhard II. 330 ff. mit einigen Veränderungen, die von mir nicht acceptirt worden. Es passirte zwar als „Elisens Antwort", hat aber Bürgern selbst zum Verfasser. — Die sogenannte Beichte ward zuerst von Althof a. a. O. 125—151 mitgetheilt, dann in „G. A. Bürger's Ehestands= geschichte 19—56", darauf in Jördens' Denkwürdig= keiten I. 337—353, und in der mehrfach citirten Ausgabe seiner sämmtlichen Werke VII. 323—350. Da nicht jeder meiner Leser im Besitze des einen oder andern dieser Bücher sein wird, und es gegen die Natur dieser Arbeit

streitet auf Wesentliches blos zu verweisen, kann der wieder=
holte Abdruck nicht als unbedingt überflüssig betrachtet
werden.

Zu S. 55. Bürger's älteste und einzige Tochter erster Ehe
befand sich in der Pensionsanstalt der Frau Professor Erxleben
in Göttingen; sein Sohn August Emil bei der Gattin des
Amts=Procurator Müllner zu Langendorf bei Weißenfels;
die jüngste Tochter in Bissendorf bei Hannover.

Zu S. 62. In Cannstatt angelangt gab sich Bürger
im dortigen Gasthofe für seinen Freund den Major v. Zach
zu Seeberg aus. Kaum erfuhr aber der Diaconus Jäger
daselbst die Ankunft des vermeintlichen Mannes, eilte er,
ein eifriger Liebhaber der Astronomie, dem verehrten Stern=
kundigen seine Aufwartung zu machen, und Bürger gerieth
nun in große Verlegenheit. Er mußte mit besonderem
Geschick alle seine astronomischen Kenntnisse zusammen
suchen, um eine Rolle nur einigermaßen gut zu spielen und
den wißbegierigen Geistlichen nicht ganz enttäuscht heimzu=
senden. So will Ehrmann (a. a. O. 18) aus Bürger's
eigner Erzählung wissen.

Zu S. 63. Der Briefsteller irrte sich in Betreff der
vermeintlichen Unvergleichlichkeit seiner Heiratsgeschichte. Wäre
er in den Lebensgängen hervorragender italienischer und
französischer Dichter unterrichteter gewesen, würde er dort
einige ähnliche Beispiele gekannt haben. Aus seiner Zeit
erzählte man von zwei protestantischen Geistlichen, daß sie
sich ihre Frauen ungeahnt lediglich durch die Macht ihrer
Kanzelberedtsamkeit erobert hätten, von ihnen ein fünfzig=
jähriger Mann eine ebenfalls zwanzigjährige ledige adlige
Dame.

Zu S. 67. „Wenn diese Heirat" ꝛc. So steht von der Hand Elisens geschrieben, wogegen Ehrmann diesen wortwörtlichen Vorhalt von seiner Frau ab und auf den ältesten Nast zulenkt, was keinen Glauben verdient. „Gute Mutter", schrieb jene hintennach, „ich ahnte damals nicht, wie unrecht ich Dir wegen dieses Vorwurfs schmollte".

Zu S. 68. Meine Worte entsprechen vollständig der Schilderung, welche in fünf vor mir liegenden Briefen von Personen, die nie von einander etwas gewußt, enthalten ist. Emil Bürger, der doch wahrlich nicht für die Stiefmutter eingenommen sein konnte und war, fand nicht Worte genug für ihre Schönheit. Darin, sagte mir Frau Marie Bürger, stimmten Alle überein, die sie gesehen. Und nach dem Anblicke eines in ihrem 28. Jahre gefertigten und noch heute wohl aufbewahrten Portraits in Aquarell muß man ein ganz verstockter und aesthetisch verwahrloster Philister sein, um sich des Eindruckes jener Züge und ihrer Sprache zu erwehren. Den Vorfall mit dem alten Edelmann erzählt sie in ihren „Lilienblättern" mit der größten Bescheidenheit selbst, und er ist auch anderweitig bestätigt worden.

Zu S. 69. Die Bonmots von Kästner und Lichtenberg circulirten laut brieflicher Nachrichten in Göttingen damals allgemein.

Zu S. 72. Diese Epistel vollständig in „Geschichte der dritten Ehe G. A. Bürger's. Eine Sammlung von Actenstücken", 98—125.

Zu S. 88. Elisens Antwort enthalten in „Geschichte der dritten Ehe G. A. Bürger's", 151—174.

Zu S. 93. Nicht am 6. Februar reiste Elise und nicht nach Braunschweig sogleich, wie anderwärts angegeben.

Zu S. 98. Die Worte der Frau Hahn nach Elisens Vermerk.

Zu S. 108. Diese Hefte bekanntlich von Reinhard (Berlin 1825 und 26) herausgegeben.

Zu S. 111. Wo die dort erwähnten Handschriften geblieben ist unermittelt. Althof versicherte im December 1802 Elisen, daß in seine Hände nichts davon zurückgekommen, und die Kinder behaupteten, ebenfalls nie davon auch nur Etwas erhalten zu haben.

Zu S. 114. Ich kann nicht umhin hier darauf hinzuweisen, daß der in der „Ehestandsgeschichte" S. 98—125 enthaltene und von mir auszugsweise aufgenommene Brief Bürger's vom 29. Nov. 1791, den man auch hochtrabend und beleidigend eine Epistel an die Frauenwelt genannt hat, von einem Ungenannten 1845 unter dem täuschenden und in jedem Betracht unwahren Titel „G. A. Bürger's letztes Manuscript" wieder herausgegeben worden, indem man erklärte daß zeither nichts weiter als Bruchstücke aus Zeitschriften davon in das Publicum gedrungen. Der Herausgeber hat also entweder nicht gewußt, daß er einen der completen Drucklegung nach 34jährigen Brief reproducirt oder sich eingebildet hat, daß im Publicum Niemand darum wisse. Er will den Brief in einem Nachlasse gefunden haben. In welchem, verschweigt er. Bei der wortwörtlichen Uebereinstimmung mit der Reinhard'schen Publication hat er also entweder dessen geschriebenes oder gedrucktes Machwerk benutzt. Hätte er das Original jener „Relique des tiefsten Seelenleidens" besessen, würde er dies jedenfalls offenbart haben. Daß diesem Menschen eine solche Mystification in den kritischen Journalen lange ungeahndet hingehen konnte (selbst in den „Blättern für literarische Unterhaltung") ist bei dem Aufsehen, das unsers Dichters dritte Ehe erregt hat, kein schmeichelhaftes Zeugniß für sie. Erst sechs Jahre später machte Jemand in Prutz' „deutschem Museum" auf das Widersinnige dieser Publication aufmerksam.

Zu S. 118. Vgl. Lichtenberg's und Gleim's Briefe im „Gesellschafter" 1823 S. 649. 1824 S. 279.

Zu S. 119. Das Schuldverhältniß zu Dietrich erfuhr Elise erst nach mehreren Jahren von Althof; es kam in dem Prozesse gegen Reinhard zu Sprache, und auch Müllner, des Dichters Neffe, wußte genau darum.

Zu S. 121. Von jenem angezweifelten Schriftstück s. das Fragment im „Genius der Zeit" von Hennings 1795, V. 41—52. Außerdem vgl. Althof 80 ff. Es gehört zu der kleinen Anzahl von Papieren, welche bei Aufnahme des Inventars bereits auf unermittelte Weise in andere Hände gekommen waren.

Zu S. 142. Von den für Bürger's Denkmal eingegangenen Beiträgen hatte Althof etwas über 101 Thaler erübrigt, um sie für Agathon zu verwenden. Hinterher sollen sie indeß noch für jenes Monument aufgewendet worden sein.

Zu S. 151. Ueber Großmann's Verhaftung siehe das Nähere in meiner Geschichte der komischen Literatur Thl. III. Abschn. V.

Zu S. 152. Vgl. Devrient's Geschichte der deutschen Schauspielkunst III. 102 u. a.

Zu S. 153. Man wolle diesen Reinhard nicht mit dem auch als Bühnendichter bekannt gewordenen Schauspieler B. H. K. Reinhard verwechseln, der zuletzt in Breslau engagirt war.

Zu S. 157. Feder, der berühmt gewordene Verfasser der „Untersuchungen über den menschlichen Willen", worin er der Kant'schen Philosophie entgegentrat, war damals ein sechszigjähriger Greis, zeitlebens aber ein Pedant, so daß seine Behauptung nicht etwa durch eine von Elisens persönlicher Erscheinung erzeugte Voreingenommenheit und raschere Wallung des Bluts bemängelt werden kann.

Zu S. 160. Es ist unthunlich den mir von einem Sohne der Adressatin freundlichst dargeliehenen übrigens französischen Brief Zeile für Zeile wiederzugeben.

Zu S. 163. Bezieht sich auf die Hauptrolle ihres Ritterschauspiels „Adelheid Gräfin von Teck", und die beiden folgenden Namen auf die ebenfalls von Elise dargestellten Rollen.

Zu S. 174. Ich meine Schiller's Urtheil in der Jen. Literaturzeitung 1791, I. 97 ff.

Zu S. 175. Was Goethe sich alles erlaubte, davon noch Ein verbürgtes Beispiel: Als eine der ersten Künstlerinnen bei der Leseprobe eines Stücks gegen den Rhythmus verstieß, ergriff er sie am Arme, zerrte sie im Jambentacte hin und her, und suchte ihr damit wie durch das

Accompagnement eines ingrimmig accentuirten Aechzens den Rhythmus begreiflich zu machen.

Zu S. 188. Ueber ihr Spiel auf der Lübecker Bühne f. auch M. Funk, Schiller auf der Lübecker Bühne (Lübeck 1868).

Zu S. 199. So das Urtheil bei Kurz III. 41.

Zu S. 201. Ein Exemplar dieses Liedes habe ich nach der Hand auch auf der Leipziger Universitätsbibliothek vorgefunden.

Druck von W. Steinmüller in Düben.